数字空间安全与发展探索

研究阐释党的二十大精神丛书

上海市哲学社会科学规划办公室
上海市习近平新时代中国特色社会主义思想研究中心 编

王宝珠 陈尧 郎旭华 ⊙ 著

上海人民出版社

出版前言

党的二十大是在全党全国各族人民迈上全面建设社会主义现代化国家新征程、向第二个百年奋斗目标进军的关键时刻召开的一次十分重要的大会。这次大会系统总结了过去 5 年的工作和新时代 10 年的伟大变革，阐述了开辟马克思主义中国化时代化新境界、中国式现代化的中国特色和本质要求等重大问题，对全面建设社会主义现代化国家、全面推进中华民族伟大复兴进行了战略谋划，对统筹推进"五位一体"总体布局、协调推进"四个全面"战略布局作出了全面部署，在党和国家历史上具有重大而深远的意义。

为全面学习、全面把握、全面落实党的二十大精神，深刻揭示党的创新理论蕴含的理论逻辑、历史逻辑、实践逻辑，在中共上海市委宣传部的指导下，上海市哲学社会科学规划办公室以设立专项研究课题的形式，与上海市习近平新时代中国特色社会主义思想研究中心、上海市中国特色社会主义理论体系研究中心联合组织了"研究阐释党的二十大精神丛书"（以下简称丛书）的研究和撰写。丛书紧紧围绕强国建设、民族复兴这一主题，聚焦习近平新时代中国特色社会主义思想，聚焦新时代党中央治国理政的伟大实践，力求对党的创新理论进行学理性研究、系统性阐释，对党的二十大作出的重大战略举措进行理论概括和分析，对上海先行探索社会主义现代化的路径和规律、勇当中国式现代化的开路先锋进行理论总结和提炼，体现了全市理论工作者高度的思想自觉、政治自觉、理论自觉、历史自觉、行动自觉。丛书由上海人民出版社编辑出版。

丛书围绕党的二十大提出的新思想新观点新论断开展研究阐释，分领域涉及"第二个结合"实现之路、中国式现代化道路、五个必由之路、中国共产党的自我革命、斗争精神与本领养成、国家创新体系效能提升、中国特色世界水平的现代教育探索、人民城市规划建设治理、超大城市全过程人民民主发展、数字空间安全、长三角一体化发展示范区等内容，既有宏观思考，也有中观分析；既有理论阐述，也有对策研究；既有现实视野，也有前瞻思维。可以说，丛书为学习贯彻习近平新时代中国特色社会主义思想和党的二十大精神提供了坚实的学理支撑。

丛书的问世，离不开中共上海市委常委、宣传部部长、上海市习近平新时代中国特色社会主义思想研究中心主任、上海市中国特色社会主义理论体系研究中心主任赵嘉鸣的关心和支持，离不开市委宣传部副部长、上海市习近平新时代中国特色社会主义思想研究中心常务副主任、上海市中国特色社会主义理论体系研究中心常务副主任潘敏的具体指导。上海市哲学社会科学规划办公室李安方、吴净、王云飞、徐逸伦，市委宣传部理论处陈殷华、俞厚未、姚东、柳相宇，上海市习近平新时代中国特色社会主义思想研究中心叶柏荣等具体策划、组织；上海人民出版社编辑同志为丛书的出版付出了辛勤的劳动。

　　"全面建设社会主义现代化国家，是一项伟大而艰巨的事业，前途光明，任重道远。"希望丛书的问世，能够使广大读者加深对中华民族伟大复兴战略全局和世界百年未有之大变局、对中国共产党人更加艰巨的历史使命、对用新的伟大奋斗创造新的伟业的认识，能够坚定我们团结奋斗、开辟未来的信心。

目 录

引　言

党的二十大报告提出，建设数字中国，加快发展数字经济，促进数字经济和实体经济（以下简称"数实"）深度融合，打造具有国际竞争力的数字产业集群。2023 年 2 月 27 日，中共中央、国务院印发的《数字中国建设整体布局规划》进一步强调，建设数字中国是数字时代推进中国式现代化的重要引擎，是构筑国家竞争优势的有力支撑。扎实推进中国式现代化、推动共同富裕取得实质性进展的历史进程与数字经济发生发展叠加。数字经济发展将极大地促进生产力的提高并创造丰富的物质和精神财富来满足人民美好生活的需要，为推动中国式现代化发展奠定强大的物质基础。与此同时，党的二十大报告强调，需以新安全格局保障新发展格局。在不断健全国家安全体系的过程中，需完善重点领域安全保障体系和重要专项协调指挥体系，强化经济、重大基础设施、金融、网络、数据等安全保障体系建设。统筹发展和安全，增强忧患意识，做到居安思危，是中国共产党治国理政的一个重大原则。因此，数字中国建设的安全与发展尤为重要。

经济的发展天然具有空间需求，源源不断地占有和生产新的经济空间是人类物质生产实践的要求和结果。马克思在批判资本主义生产方式时指出，"资本按其本性来说，力求突破超越一切空间界限"①，"资本一方面要力求摧毁交往即交换的一切地方限制，夺得整个地球作为它的市场，另一方面，它又力求用时间去消灭空间，就是说，把商品从一个地方转移到另一个地方所花费的时间缩减到最低限度。资本越发展，从而资本借以流通的市场，构成资本空间流通道路的市场越扩大，资本同时也就越是力求在空间上更加扩大市场，力求用时间去更多地消灭空间"②。马克思在揭示资本的发展是资本不断掠夺剩余价值和创造掠夺条件的过程时，也揭示了经济发展的空间演变规律，即经济发展的过程就是在不断地开拓甚至生产新的经济空间的过程。

数字中国是未来数字时空中的中国要素的集合。伴随着数字时代的到来，数字经济的快速发展正在重塑经济社会循环运转的空间形态和空间结构，数字空间生产成为一种趋势。数字中国建设首先表现为以数字经济发展为驱动力，以数字基础设施建设为载体，以数据资源为核心，以数字治理为主要手段的数字空间发展。与此同时，大国之间的竞争与博弈也正走向数字空间竞争的新阶段，数字空间成为继陆、海、空、天之后的"第五大战略空间"。正如马克思和恩格斯所预言："各民族的原始封闭状态由于日益完善的生产方式、交往以及因交往而自然形成的不

---

① 马克思、恩格斯：《马克思恩格斯全集》第 46 卷（下），人民出版社 1980 年版，第 16 页。
② 同上书，第 33 页。

同民族之间的分工消灭得越彻底，历史也就越是成为世界历史。"① 数字生产方式的完善和数字空间的形成，推动着世界历史进入崭新阶段。各国在推动数字经济发展、应对数字安全挑战和加强数字空间治理等问题上的利益诉求相互交融，"如何应对大国数字空间竞争""探索全球数字空间发展方向"成为当前亟待解决的重要研究课题。

基于上述问题，本书尝试以"数字空间"为核心概念，探究数字空间安全与发展的理论逻辑，在数字空间发展国际比较的基础上，探讨数字经济与实体经济深度融合过程中的潜在安全风险及其治理逻辑，并为应对大国数字空间竞争提出中国方案。本书分为六章，具体思想脉络和研究内容如下。

第一章论述数字空间的政治经济学内涵。纵观人类发展史，经济社会发展实践主要表现为人类立足于不同经济时空、遵循不同时空规律、利用不同时空资源的物质生产实践活动。随着数字时代的到来，经济空间发生着由自然向社会、由物理向虚拟的转向与扩张，数字空间生产成为一种趋势。在马克思主义政治经济学的视角下，经济空间形态的演变遵循"技术变革—劳动过程重塑—空间形态演变"的理论逻辑，经济空间可被描述为劳动过程展开的载体以及劳动过程变化的结果。基于此，数字空间包含两层内涵：第一，数字空间是数字劳动过程空间形态的具象化表现，是由数字生产实践创造，由数字技术驱动，以数据、算法为

---

① 马克思、恩格斯：《马克思恩格斯文集》第 1 卷，人民出版社 2009 年版，第 540—541 页。

核心要素，以数字基础设施为底层架构，贯通物理空间和虚拟空间的新经济空间。第二，数字空间是劳动过程重塑的结果，其中，劳动过程一般的数字化变革推动了"数字化、流动化、网络化"数字技术空间的形成；劳动过程中生产关系的数字化延展推动了"虚拟化、隐蔽化、碎片化"数字社会空间的形成。

第二章阐释数字空间安全与发展的理论逻辑。数字空间作为一种新的经济空间形态，其不仅承载了数字生产要素以及数字劳动过程的展开，极大扩展了人类生产实践的场域，在一定程度上克服了物理空间的局限，并且在生产、交换、分配、消费四个环节及其之间的转换过程中，提高了经济社会发展的效率。但不可否认的是，数字空间在蕴含着美好发展前景的同时，它所带来的安全风险也正在日益加剧，数字监控、数字信息泄露、数字技术攻击等问题已经严重破坏全球数字经济安全与稳定。防范化解数字空间面临的各类风险挑战、推动数字空间高质量发展，必须统筹好数字空间的发展和安全。"韧性"这一概念为我们思考统筹发展和安全，将发展和安全两条主线置于一个框架中提供了启发性的方向。沿袭物理空间中韧性的核心内涵，结合数字空间特征和结构对其进行拓展，本书提出数字空间韧性这一概念，并将其界定为数字空间系统为有效应对各类风险挑战与适应未来数字时空发展变化所具备的控制力、恢复力和创新力，即一种复合能力的集合。数字空间韧性的核心目标是在数字经济深化发展与风险交织中统筹数字空间发展和安全。进一步而言，统筹数字空间发展和安全须整体规划，并需要具体制度层面的保障。

第三章阐述数字空间安全与发展的国际比较。在经济数字化发展日益成为影响各国国际影响力和产业竞争力关键因素的今天，数字空间成为世界各国激烈博弈的新领域。基于数字空间韧性理论，围绕技术支持和制度保障两个维度，对全球主要国家数字空间安全与发展的现实情况、治理经验等进行国际比较，对于更好统筹数字空间发展和安全至关重要。在技术层面，数字空间的控制力、恢复力和创新力是其韧性的主要体现。选取全球主要国家（地区），分别从数字基础设施、数据和算法、数字空间与物理空间交互的控制力、恢复力和创新力进行考察，发现美国、欧洲等西方主要发达国家大多形成了较为成熟的技术治理框架，中国在创新力等一些领域实现了技术赶超，但总体来说还处于高速发展时期，与发达经济体相比尚有差距。在制度层面，数字立法和相关数字制度是构建数字空间韧性的外在保障。为掌控数字空间主权、谋求数字空间的发展权益，各国纷纷加强数字立法和数字战略规划，并加大数字技术创新应用的制度支持。党的十八大以来，中国加快健全数字法律制度体系和数字战略规划，但由于起步较晚，仍然存在数字领域全国性立法统筹力度不够、部分数字领域尚存立法空白、数字司法和执法的能力有待提升、数字行业标准建设仍需完善等问题。

第四章解析空间交互下数实深度融合的安全与发展逻辑。当前，我国数字经济发展正处于数实融合的阶段。数实深度融合不仅是数字技术融入实体经济的过程，更是经济形态变迁、走向数字经济新形态的过程。从空间视角来看，数实融合包含"空间数据化——空间数字化——空间智能化"三个过程。其中，空间数据化是通过信息采集、处理、加工，实现数字空间对物理空间数据化映射的过程；空间数字化是通过数据、算法、算力相互支持和协同对现实生产活动进行系统性重构的过程；空间智能化是通过规模化数据驱动经济活动的规模化，数字技术的系统集成驱动现实经济活动的智能化、精准化，从而实现虚拟数字空间赋能现实物理空间的过程。伴随数字经济的不断发展，数字空间数据化、空间数字化、空间智能化过程都存在无序发展的潜在风险，进而严重制约数实深度融合。因此，须厘清空间发展视域下数实深度融合的安全逻辑，以数字政策体系支持数实融合发展生态的一体化构建，以数字技术体系支持数实融合技术生态的多元化发展，以优化数字治理方案保障数实融合安全生态的稳定运行，从而防范化解数实融合过程中的各类潜在风险，以数实融合强健数字经济的发展韧性，推动数字经济发展行稳致远。

第五章凝练中国在数字空间发展中所具有的政治优势、制度优势、产业优势和市场优势。就政治优势而言，中国共产党的领导从顶层设计到分类分级有序推进的发展模式为数字空间的整体统筹奠定了基础，具有一致性和连续性的自上而下的法律政策部署为数字空间持续稳定发展提供了重要保障；从制度优势来看，公有制为主体、多种所有制经济共同发展的所有制结构为推进"集中力量、协同攻关"破解数字关键技术藩篱，为数字空间的扩展提供了强大的经济支撑。以共同富裕为导向的多种分配制度是激发生产主体创新潜能和生产要素活力的重要因素，"有为政府—有效市场"相结合的社会主义市场经济体制有利于优化数字资源配置和促进数字协同共享。就产业优势而言，中国完备的产业链条为数字空间发展的产业化应用提供了丰富场景，数字技术突破和产业融合发展的赋能成效为数字空间发展提供了强大动能。从市场优势来看，超大规模的数字用户为数字空间的发展提供了海量的数据，超大规模的数字用户带来的庞大数字消费需求为数字空间发展提供了源源不竭的内生动力。

第六章提出应对大国数字空间竞争的中国方案。数字生产力的发展和数字空间的形成，将世界历史推入一个崭新阶段。大国博弈由传统地缘空间竞争走向数字空间竞争。与传统地缘空间竞争不同，大国数字空间竞争形成了新的竞争主体、竞争焦点、竞争领域和竞争内核，主要表现为数字空间权力结构分散化、数据资源争夺逐步霸权化、数字基础设施建设联合化、数字技术创新体系垄断化。在传统地缘竞争理念的影响下，数字空间的大国竞争仍强调对空间权力的"争夺""占有"和"控制"。事实上，具有无界性、跨地域性、互联互通等特征的数字空间，推动着人类社会从"地域性"的生存空间走向"世界性"的发展空间。世界各国在客观上形成了不可分割、互相交融的共同利益网络。因此，数字空间中的竞争不应遵循"有你无我"的丛林法则，而应该在竞争中构建合作协同、互利共赢的利益共同体，这就要求传统竞争逻辑转向合作逻辑。为此，中国应围绕基本原则、核心理念、根本动力、价值指归等层面加快推动构建数字空间共同体。

本书具有重要的学术价值和应用价值。

首先，本书具有重要的学术价值。一是对学理性阐释党的二十大提出的相关重大理论和实践问题有增量贡献。党的二十大报告强调加快建设数字中国，并首次把国家安全单列为一个部分进行阐述，使国家安全的地位得到进一步彰显。面对数字化带来的机遇和挑战，从理论层面厘清统筹数字空间发展和安全的逻辑对新时代推进数字中国建设具有重要的意义。二是对中国特色社会主义政治经济学研究有所丰富。本研究基于政治经济学视角，对数字空间的理论内涵进行了系统诠释，并立足中国经济发展实际，对统筹数字空间发展和安全的逻辑与现实进行了分析，这对丰富中国特色社会主义政治经济学理论研究有边际贡献。三是通过分析数字空间竞争的新特征、新逻辑，厘清中国在数字空间发展中的独特优势，提出构建数字空间共同体的中国方案，这将有效回应国外对中国数字经济发展的相关疑问。

其次，本书也具有重要的应用价值。一方面，对中国数字空间安全与发展，引领全球数字经济高质量发展具有重要的实践价值。本书提出"数字空间韧性"理论以统筹数字空间发展和安全，并对数字空间安全与发展的国际比较进行了经验分析，进而提高中国在全球数字经济发展中的地位与作用，为中国以及全球数字经济安全与发展提供了有益的政策参考。另一方面，对应对大国数字空间竞争，加强全球数字空间安全与发展具有重要的世界意义。大国数字空间竞争已经成为数字经济时代各国角逐的必然趋势。大国数字空间竞争在继承传统地缘经济竞争理念的基础上，形成了新的竞争逻辑。本书对此进行了深入分析，并厘清中国在数字空间发展中的独特优势，提出了构建数字空间共同体的中国方案。这对进一步解决全球数字治理的突出问题，完善全球数字治理体系具有世界意义。

本书以马克思主义经济学方法论为指导，综合运用历史分析与理论逻辑相统一、抽象研究与具体叙述相统一、理论分析与数据检验相统一的研究方法，对数字空间的理论内涵、数字空间安全与发展的理论逻辑与国际比较、应对大国数字空间竞争的中国方案展开了系统的理论与实证研究。就整个研究过程来看，本书主要有以下几点创新之处。

第一，在研究对象上，选择数字空间作为一种新的空间形态加以研究。一直以来，国内外学者都关注于中国数字经济中的数据要素、数字劳动、数字产业、数实融合等问题，却鲜有聚焦于数字空间这一新的空间形态，这显然是相关研究亟待丰富的地方。本书以数字空间为研究对象，并对其进行系统诠释，这在目前较为鲜见。

第二，在研究内容上，对数字空间安全与发展、数实融合过程安全与发展以及构建数字空间共同体等进行了系统化的研究。一方面，提炼出统筹数字空间安全与发展的"数字空间韧性"理论框架，并基于这一框架从现实层面对中国与部分数字大国的安全与发展情况进行了比较。另一方面，对大国数字空间竞争的新特征、新逻辑进行了剖析，并立足中国数字经济发展实践，厘清中国在发展数字空间中的独特优势，提出构建数字空间共同体的中国方案。这是本书所进行的创新尝试。

第三，在研究方法上，尝试定性与定量相结合。现有关于数字空间的研究主要停留在文字逻辑分析的层面，本书以唯物史观为逻辑起点，以马克思政治经济学基本原理为研究基础，注重理论分析与数据分析相结合，在坚持思想性第一的原则下，尝试从定量层面构建指标体系对"数字空间韧性"进行了国际比较，为数字中国建设、应对大国数字化竞争研究提供合理的支撑。

当然，本书也存在着一些不足之处。

第一，关于数字空间安全与发展的"数字空间韧性"理论框架还有待模型化探索。

第二，关于数实深度融合的过程解构主要基于理论抽象层面，还有待进一步结合产业发展、数字基础设施布局等方面进行系统化、实践化探索。

第三，关于数字空间安全与发展国际比较的严谨性有待提高。这一方面囿于数据的有限性，不同国家的相关数据统计口径不一，直接进行计量分析则存在数据较少而带来偏差的问题，因而本书只能利用相关数据进行经验分析。另一方面在于这是一种新的尝试，可供参考的实证资料还较少。在进一步的研究中，可以首先进行指标化处理，再结合理论模型进行计量分析，从而提高研究的精密程度。

第一章

数字空间的政治经济学分析

空间——既是人类经济实践活动展开的场域，亦是承接人类经济关系的载体。在人类生产实践中，经济空间发生由自然向社会、由物理向虚拟的转向与扩张。数字经济的快速发展正在重塑经济社会循环运转的空间形态和空间结构，数字空间生产成为一种趋势。尽管数字空间的形成尚未成熟，但已呈现出超越传统地域空间范畴，改变地理空间生产格局，推动社会经济快速发展的趋势。那么，什么是数字空间？数字空间是如何形成的？以及为什么会形成数字空间？对以上问题的思考和研究，不仅能让我们认识到经济社会发展过程中空间形态的变化趋势，亦能更好理解经济空间与经济活动在理论与现实结合中的统一，从而更好规划数字空间中的生产实践，统筹数字空间发展和安全。本章基于马克思主义空间理论，旨在分析数字空间①的形成逻辑和基本内涵，以期为全面认识数字空间提供有益探索。

---

① 本书是基于马克思主义政治经济学视域的数字空间研究，主要聚焦经济空间维度，因此，本书中的数字空间主要是指数字经济空间，简称"数字空间"。

第一节　经济空间的内涵解析

纵观人类发展史，经济社会发展实践主要表现为人类立足不同经济时空、遵循不同时空规律、利用不同时空资源的物质生产实践活动。空间作为生产、生活的基本要素，是物质地、实践地进入人类社会的，[①]是人类进行物质生产实践活动的产物，同时保证着经济社会系统运行的确定性和社会生产实践的稳定性。但显而易见，随着人类社会的演进，空间也不断动态演进。那么，究竟如何理解空间？在数字经济时代，空间有何新变化？这是我们首先要探讨的问题。

一、经济空间的政治经济学释义

在不同学科中，空间这一概念常与特定词汇相结合，进而表达其特有内涵。如数学中的空间常与几何、集合、结构相联系，则表示定义若干运算的集合；物理中的空间常与物质运动相关联，意指宇宙物质实体运动所发生的部分。在马克思主义政治经济学中，对于经济空间的理解则不能脱离人类生产实践活动。马克思在《政治经济学批判〈导言〉》开篇首句就说，"摆在面前的对象，首先是物质生产"，[②] 而"空间是一切生产和一切人类活动的要素"，[③] 这就告诉我们空间首先表现为人类生产实践活动的载体。戴维·哈维在其《后现代化的状况》(The Condition of

---

① 胡潇：《空间的社会逻辑——关于马克思恩格斯空间理论的思考》，《中国社会科学》2013 年第 1 期。
② 马克思、恩格斯：《马克思恩格斯全集》第 30 卷，人民出版社 1995 年版，第 22 页。
③ 马克思：《资本论》第 3 卷，人民出版社 2018 年版，第 875 页。

Postmodernity）中又论述道："根据这种唯物主义的看法，……时间和空间的客观概念必定是通过服务于社会生活再生产的物质实践活动与过程而创造出来的。"①这进一步启示我们，空间还是人类生产实践活动的产物。因此，人类生产实践中的空间至少有两层内涵。

第一，空间是人类生产实践活动的载体。一方面，空间承载着人类在生产实践活动中形成的生产方式。空间是具体的，尽管空间不是物或者产品意义上的具体，但它是人类生产实践活动的物质化、外在化现实，容纳着各种生产力要素及其实践方式和技术关系。另一方面，空间承载人与人在实践活动中形成的生产关系，是生产关系的构成。马克思在分析资本主义全球化发展的过程中揭示了空间概念中蕴含的生产关系。他指出："资产阶级使农村屈服于城市的统治。它创立了巨大的城市，使城市人口比农村人口大大增加起来，因而使很大一部分居民脱离了农村生活的愚昧状态。正像它使农村从属于城市一样，它使未开化和半开化的国家从属于文明的国家，使农民的民族从属于资产阶级的民族，使东方从属于西方。"②即空间不仅承载了一定时期的人类生产实践活动，同时也承载了一定时期人类社会生产关系。

第二，空间是人类生产实践活动的产物，"空间是一连串和一系列

---

① ［美］戴维·哈维：《后现代的状况》，阎嘉译，商务印书馆2013年版，第255页。

② 马克思、恩格斯：《马克思恩格斯选集》第1卷，人民出版社2012年版，第405页。

运转过程的结果"①。人类的生产实践活动不仅要改变劳动对象，同时要改变劳动对象所在的空间处所、空间样态，甚至是内部的空间结构。空间与人类的社会实践活动相互交织，随着人类社会实践活动的演变而发生变化。列斐伏尔指出："每一个社会——因此每一种生产方式及其亚变种（即所有被普遍概念例证的社会）——都生产出一个空间，它自身的空间。"②从人类经济社会发展的横向坐标来看，不同社会时期下的"各种独特的生产方式或者社会构成方式，都将体现出一系列独特的时间与空间的实践活动和概念"③。从人类经济社会纵向坐标的发展趋势来看，人类通过社会实践活动也生产着不同的空间和空间形式，并依靠空间获得生存和发展。

综上所述，马克思主义政治经济学视域中的空间是作为生产、生活的基本要素，是物质地、实践地进入人类社会的，④ 是人类进行物质生产实践活动的产物，同时保证着经济社会系统运行的确定性和社会生产实践的稳定性。空间就其本身而言，可被抽象为容纳生产力要素及技术关系的技术空间和容纳生产关系的社会空间的总和，即生产的空间；就其生产而言，可以被视为生产力和生产关系动态演进的结果，即空间的生产。

① ［法］亨利·列斐伏尔：《空间的生产》，刘怀玉等译，商务印书馆 2022 年版，第 109—110 页。
② 同上书，第 48 页。
③ ［美］戴维·哈维：《后现代的状况》，阎嘉译，商务印书馆 2013 年版，第 255 页。
④ 胡潇：《空间的社会逻辑——关于马克思恩格斯空间理论的思考》，《中国社会科学》2013 年第 1 期。

二、经济空间形态的演变与比较

列斐伏尔指出："每一个社会都贡献了一个自身特有的空间……，我所说的'每一个社会'可以更确切地称之为每一种生产方式以及它所特有的各种生产关系。"[①] 从唯物史观视角看，空间生产具有历时性，从农业社会、工业社会再到数字社会，经济空间同样经历了土地空间、工厂空间和数字空间不同的形态变化（如表 1-1 所示）。

在农业社会中，空间生产主要表现为对自然界形态的改造。受限于科学技术发展水平，种植、畜牧和手工是人类社会生产的主要实践活动，劳动工具以简单的手工工具为主，劳动对象主要是自然界中的自然资源。因此，农业社会空间形态主要以自然界空间为主体，空间中生产的布局高度依赖于土地等自然资源的禀赋，人与人、人与物之间相对孤立、分散。因此，空间生产布局呈现自然形态的分散布局，具有相对自发性、自足性、封闭性的特征。

在工业社会中，伴随着工业技术的发展和应用，传统农业生产方式向资本主义工业生产方式转变。资本主义工业大生产带来的集聚效应、规模效应和范围效应，使得各类生产要素资源在空间中流动、集聚。在进行工业生产实践的过程中，空间生产呈现出机械化、规模化、集聚化的特征，推动了以工业集聚为核心的各类产业中心、商业中心和中心城市空间形态的形成。空间生产布局也呈现出集聚化、规模化和二

---

① ［法］亨利·列斐伏尔：《空间的生产》，刘怀玉等译，商务印书馆 2022 年版，第48 页。

元分化非均衡的特征。从微观视角来看，劳动者的生产空间主要集中于车间和工厂；从宏观视角来看，工业生产方式推动了人类生产空间发生了城市化形塑。正如恩格斯在描述英国工业化发展对空间带来的变化所言："这种工业在八十年内使郎卡郡的人口增加了 9 倍，并且好像用魔杖一挥，创造了居民共达 70 万的利物浦和曼彻斯特这样的大城市及其附近的城市：波尔顿（60000 居民）、罗契得尔（75000 居民）、奥尔丹（50000 居民）、普累斯顿（60000 居民）、埃士顿和斯泰里布雷芝（共40000 居民）以及一系列的其他工厂城市。"①

在数字社会中，数字技术推动资本、技术、劳动力、人才等各种要素发生数字化转换，工业劳动转向数字劳动，物理空间映射至数字空间，工业生产方式随之向数字生产方式转变。数字生产方式塑造出了一个由数字社会空间和数字技术空间构成的虚实交融、联通互动的新空间——数字空间。这一全新的空间形态的逻辑已超越传统的地域空间范畴，改变地理空间的生产结构，逐渐撬动工业时代资本占领中心城市的布局，呈现出虚拟、无界、互联、包容、瞬时等基本特征。与以往的虚拟空间不同，数字空间不仅仅是对现实物理空间的一种映射，它自身也创造出独立于现实物理空间的社会生产及生产关系，并且数字空间中的社会生产及其生产关系又会反过来作用于现实物理空间的社会生产及其生产关系。

---

① 马克思、恩格斯：《马克思恩格斯全集》第 2 卷，人民出版社 1957 年版，第288 页。

表 1-1　不同经济空间形态的比较

社会形态	空间属性	空间形态	空间结构	空间生产布局与空间特征
农业社会	物理空间	土地空间	自然形态的分散布局	根据土地资源禀赋，在狭窄的地理空间进行生产，具有自发性、自足性、封闭性的特征。
工业社会	物理空间	工厂空间城乡空间	社会形态的"中心—外围"结构	以工业集聚为核心，形成各类产业中心、商业中心、中心城市，具有集聚化、规模化和二元分化非均衡等特征。
数字社会	物理空间虚拟空间	数字空间	社会形态的"网格化"结构	打破了物理空间的局限，具有虚拟、无解、包容、瞬时和虚实融合等特征。

第二节　经济空间形成的理论逻辑

经济空间既是人类实践活动的载体，又是人类实践活动的产物。那么，究竟如何才能将现实中纷繁复杂、形式多样的人类生产实践活动予以理论分析？马克思在《资本论》第 1 卷第三篇以"劳动过程"这一理论对人类生产实践活动进行了系统化分析，劳动过程是人类生产实践活动的理论展开。劳动过程不是一个静态的概念，其是生产力和生产关系矛盾运动的具象化表现，随着生产力和生产关系的矛盾运动而发生变化。因此，经济空间可被描述为劳动过程展开的载体以及劳动过程变化的结果。基于此，本章基于劳动过程重塑视角，提出经济空间形态演变的拓展性分析框架即"技术变革——劳动过程重塑——空间形态演变"，并尝试运用这一框架分析不同社会形态下经济空间的演变。

一、技术变革与劳动过程的重塑

马克思在《资本论》第 1 卷分析资本主义社会中占主导地位的劳动

过程时，撇开了特定的社会的形式考察劳动过程的一般性质，以科学技术或生产力进步为线索，分析了机器技术的发展如何推动资本主义手工工场劳动过程转变为机器大工业下的劳动过程。

（一）技术进步推动劳动过程要素和劳动方式的变革

从生产的一般性来说，劳动过程包含三个基本要素，即"有目的的活动或劳动本身，劳动对象和劳动资料"①。其中，劳动资料连接了劳动过程的两边，即"一边是人及其劳动，另一边是自然及其物质"②，形成了一定的劳动方式。在马克思看来，技术进步将引起劳动过程在物质条件上的革命以及劳动方式的变革，进而重构资本主义物质生产的劳动过程。

一是技术进步使得生产资料不断演进以提高物质生产的效率。以机器的发展和使用为例，劳动资料从手工业工具转化为机器，当"劳动资料取得机器这种物质存在方式，要求以自然力来代替人力，以自觉应用自然科学来代替从经验中得出的成规"③，这使得原先手工业、农业、机器制造业的生产效率都有了极大的提升。

二是技术进步不断扩大劳动对象的范围和规模。马克思指出，"因为每种物都具有多种属性，从而有各种不同的用途，所以同一产品能够

---

① 马克思、恩格斯：《马克思恩格斯文集》第 5 卷，人民出版社 2009 年版，第 208 页。
② 同上书，第 215 页。
③ 同上书，第 443 页。

成为很多不相同的劳动过程的原料"①，而随着技术的进步与应用，自然界中物的属性也被不断开发，过往"难以加工的材料日益不可避免地被应用，例如以铁代替木材"②，因此，劳动对象的范围和规模随着技术进步也不断扩大。

三是技术进步推动人类劳动由简单到复杂、由低水平劳动到高水平劳动、由标准化劳动到创造性劳动的趋势演进。历史实践表明，随着科学技术进步和生产力水平的提升，人类的劳动能力也将不断提升。马克思在分析机器大工业发展时指出人类劳动发生了两个明显的变化：（1）人类劳动由直接劳动逐步转变为间接劳动，即"在机器上，劳动资料的运动和活动离开工人而独立了"③，而劳动者由直接参与劳动到操控机器进行劳动，再到监控和维护自动机器体系进行劳动。（2）劳动力的消耗由原来的体力劳动消耗为主转变为脑力劳动消耗为主。在机器大工业时期，由于自动机器体系在生产中的应用，人类体力劳动的耗费大为减轻，先前由人力作为动力的劳动被自然力所替代，人类脑力劳动的耗费则进一步加强。

四是技术进步重构了劳动过程的分工与协作。原先劳动过程的职能分工与协作被技术分工所替代。即手工业劳动过程中的分工与协作，

---

① 马克思、恩格斯:《马克思恩格斯文集》第 5 卷，人民出版社 2009 年版，第 213 页。

② 同上书，第 440 页。

③ 同上书，第 464 页。

"在机器生产中，这个主观的分工原则消失了"①。相反，机器的使用把劳动过程"客观地按其本身的性质分解成为各个组成阶段"②，代替各个手工业者之间劳动的分工或分级，其"每个局部过程如何完成和各个局部过程如何结合的问题，由力学、化学等等在技术上的应用来解决"③。换句话说，"在工场手工业中，社会劳动过程的组织纯粹是主观的，是局部工人的结合，在机器体系中，大工业具有完全客观的生产有机体，这个有机体作为现成的物质生产条件出现在工人面前"④，"劳动过程的协作性质，现在成了由劳动资料本身的性质所决定的技术上的必要了"⑤。值得强调的是，马克思这里所说的劳动过程的分工与协作由技术所决定。一方面，在技术进步的促使下，人类的某些劳动能力被劳动资料（如机器）所替代，即由机器本身的技术属性而开展的分工协作代替了原本劳动者的分工与协作。另一方面，未被劳动资料所替代的人类劳动能力，则形成新的分工与协作。也就是说，技术进步所引发的劳动过程重构得以实现。与此同时，同部门内部劳动过程的分工与协作逐渐独立为专门的职能部门，生产社会化程度逐步提高。在手工业时期，生产过程的这种分工协作主要在部门内部进行。然而，这种分工协作关系随着技术进步而不断突破单个部门的界限，向部门外部扩展。机器大工业发展时期，部门生产服务的职能分工就不断独立化为社会职能部门。

---

① ② ③　马克思、恩格斯:《马克思恩格斯文集》第5卷，人民出版社2009年版，第437页。
④ ⑤　同上书，第443页。

（二）技术的资本主义应用引致劳动过程关系的变化

劳动过程除强调人与自然的关系，还强调人与人之间的关系，我们将后者称为劳动过程关系，这种关系至少包括劳资关系和劳劳关系。囿于时代条件，马克思主要分析了资本主义制度下雇佣劳动中的劳资关系。马克思阐述了资本主义劳动过程的两个特殊现象：一是"工人在资本家的监督下劳动，他的劳动属于资本家"；二是"产品是资本家的所有物，而不是直接生产者工人的所有物"。[①] 这表明，在考察技术进步对劳动过程一般影响的基础上，需要考虑技术的资本主义应用对资本与劳动关系的影响。正如马克思所言："资本家作为处于自己增殖过程中的资本的代表——生产资本的代表——执行一种生产职能，这种职能恰恰就在于管理和剥削生产劳动。"[②] 具体来说，马克思主要从资本与劳动的交换关系、劳动对资本的隶属关系、资本对劳动的剥削关系三个角度探讨技术的资本主义应用对劳动过程关系的影响。

一是技术的资本主义应用扩大了资本与劳动的交换关系。马克思在批判机器的资本主义应用时指出，"就机器使肌肉力成为多余的东西来说，机器成了一种使用没有肌肉力或身体发育不成熟而四肢比较灵活的工人的手段"[③]，这使得妇女、儿童的劳动与资本交换成为可能，扩大了

---

① 马克思、恩格斯：《马克思恩格斯文集》第 5 卷，人民出版社 2009 年版，第 216 页。
② 同上书，第 531 页。
③ 同上书，第 453 页。

资本能够剥削人身材料的范围。"因此，资本主义使用机器的第一个口号是妇女劳动和儿童劳动！这样一来，这种代替劳动和工人的有力手段，就立即转化为这样一种手段，它使工人家庭全体成员不分男女老少都受资本的直接统治，从而使雇佣工人人数增加。"① 在新技术革命下，自动化机器体系的资本主义应用进一步渗透进经济社会生活的各个领域，这迫使越来越多的人加入雇佣大军的行列，资本剥削劳动的领域也从物质生产领域扩张到非物质生产领域。

二是技术的资本主义应用强化了劳动对资本的隶属关系。劳动隶属于资本，是资本主义生产关系的本质特征之一。马克思指出，在资本主义劳动过程中，"生产资料，劳动的物的条件，也不表现为从属于工人，而是工人从属于生产资料，从属于劳动的物的条件"② 。即劳动者并不是劳动资料的使用者，反而是劳动资料被资本家所占有从而用于消费劳动力。这种隶属关系，马克思还进一步将其区分为形式隶属和实际隶属两种情况。在简单协作阶段，由于缺乏相应的物质技术基础，劳动只是在形式上隶属于资本。进入机器大工业时期之后，机器的资本主义应用强化了劳动的物的条件对劳动的支配作用，劳动者作为一种人身材料被合并到机器这个客观有机体之中，"工人转化为局部机器的有自我意识的

---

① 马克思、恩格斯：《马克思恩格斯文集》第 5 卷，人民出版社 2009 年版，第 453—454 页。
② 马克思、恩格斯：《马克思恩格斯全集》第 49 卷，人民出版社 1982 年版，第 116 页。

附件"①，资本家利用先进的自动化机器体系不断加强对劳动者的劳动的控制，使劳动对资本的形式隶属转变为实际隶属，且不断强化这种实际隶属的关系。

三是技术的资本主义应用加深了资本对劳动的剥削关系。马克思指出，"机器从一开始，在增加人身剥削材料，即扩大资本固有的剥削领域的同时，也提高了剥削程度"②。这种剥削程度的加深主要通过两种方式进行：（1）延长工作日，即提高劳动的外延量。"如果说机器是提高劳动生产率，即缩短生产商品的必要劳动时间的最有力的手段，那么它作为资本的承担者，首先在它直接占领的工业中，成了把工作日延长到超过一切自然界限的最有力的手段。"③从纵向来看，机器的资本主义应用缩短了必要劳动时间，从而延长了剩余劳动时间；从横向来看，机器的资本主义应用"部分地由于使资本过去无法染指的那些工人阶层受资本支配，部分地由于使那些被机器排挤的工人游离出来，制造了过剩的劳动人口"④，其目的都是为了将"工人及其家属的全部生活时间转化为受资本支配的增殖资本价值的劳动时间"⑤。（2）提高劳动强度，即提高劳动的内涵量。伴随着资本主义再生产过程中物质技术条件的变化，"资本手中的机器就成为一种客观的和系统地利用的手段，用来在同

① 马克思、恩格斯：《马克思恩格斯文集》第5卷，人民出版社2009年版，第557页。
② 同上书，第454—455页。
③ 同上书，第463页。
④⑤ 同上书，第469页。

一时间内榨取更多的劳动"①。尤其是工作日制度由法律强制实行之后，"资本就力图不断提高劳动强度来补偿，并且把机器的每一改进变成一种加紧吮吸劳动力的手段"②。一方面，资本家通过改变资本有机构成，扩大工人的劳动范围，即扩大同一个工人操控的机器数量，另一方面资本家通过种种手段向工人施压，以此提高工人的劳动质量和工作效率，即改变工人的劳动结构，使其劳动由以体力劳动为主的简单劳动向以脑力劳动为主的复杂劳动转变。

二、劳动过程重塑与经济空间的形成

马克思指出劳动过程是"制造使用价值的有目的的活动，是为了人类的需要而对自然物的占有，是人和自然之间的物质变化的一般条件，是人类生活的永恒的自然条件"③。这里蕴含着一个不言自明的理论逻辑，即人所处的世界在人类满足自身需要的物质生产过程中被不断改造，那么，这一世界的空间形态也自然被人类生产实践重塑。换句话说，既然物质生产实践本身是一种特殊的物质运动，那么，随着生产力的发展推动人类物质生产实践活动样态的改变，人类所处的生产空间也必然被生产力所改变（生产）。因此，空间的生产与生产的空间是一个辩证统一的过程，即空间的形成是劳动过程及其蕴含的劳动过程关系相

---

① 马克思、恩格斯：《马克思恩格斯文集》第 5 卷，人民出版社 2009 年版，第 474 页。

② 同上书，第 480 页。

③ 同上书，第 215 页。

互联系所形成的产物，同时空间本身又承载着生产活动及生产关系的运行。正如列斐伏尔所言："空间既不是许多不同物中的一种物，也不是许多不同产品中的一种产品，倒不如说，它容纳了各种被生产出来的物以及这些物之间的相互关系，即它们之间的共存性与同时性关系——它们的（相对的）秩序以及／或者（相对的）无序。空间是一连串和一系列运转过程的结果，不能将其归结为某个简单的物的秩次。"① 即空间既是物质实体（具体），即人类劳动的物质化外在现实，又是生产的社会关系的压缩集束（抽象）。因此，空间形态的演变与劳动过程的变革是同一过程。劳动过程的变化深刻反映了空间的内在生成逻辑，而空间是劳动过程的空间形态的抽象化表达。"所以，从一种方式转变为另一种方式就必然要求有一种新的空间生产"②，这里所谓的生产方式"即占社会主导地位的劳动过程"③，是指生产力和生产关系的统一，"生产力（自然；劳动与劳动组织；技术与知识）以及当然起作用的生产关系是在空间生产之中发挥作用的"④。

首先，劳动过程一般推动了空间的物理性形塑，即技术空间的生产。马克思在论述空间的社会化现象及其内在机制时，首先从社会生产力对空间的再生产作用去分析问题。他指出："生产力发展的一定阶段

---

① ［法］亨利·列斐伏尔：《空间的生产》，刘怀玉等译，商务印书馆 2022 年版，第 109—110 页。
②④　同上书，第 71 页。
③　谢富胜：《资本主义劳动过程与马克思主义经济学》，《教学与研究》2007 年第 5 期。

上，总是需要有一定的空间，并且建筑物在高度上也有它一定的实际界限。生产的扩大超过这种界限，也就要求扩大土地面积。"① 也就是说，在人的社会实践生产过程中，"任何从事物质生产的人，其劳动不仅要改变劳动对象原来的空间处所、存在的空间样态，甚至要改变内部的空间结构，才能制成产品"②。以工业社会劳动过程中空间的城市化形塑为例，大工业生产实践"建立了现代的大工业城市——它们的出现如雨后春笋——来代替自然形成的城市……它使城市最终战胜了乡村。"③ "在人类历史中即在人类社会的产生过程中形成的自然界是人的现实的自然界；因此，通过工业——尽管以异化的形式——形成的自然界，是真正的、人类学的自然界。"④ 可见，劳动过程一般推动了空间的物理性形塑，劳动者在运用劳动资料作用于劳动对象生产产品的过程中，同时改变了所处生产空间的样态。劳动者与劳动资料结合的方式，改变了生产空间的结构。

其次，劳动过程关系推动了空间的社会性形塑，即社会空间的生产。人类社会生产实践在对空间生产与再生产进行作用时，不能脱离生

---

① 马克思、恩格斯：《马克思恩格斯全集》第 25 卷，人民出版社 1974 年版，第 880 页。

② 胡潇：《空间的社会逻辑——关于马克思恩格斯空间理论的思考》，《中国社会科学》2013 年第 1 期。

③ 马克思、恩格斯：《马克思恩格斯选集》第 1 卷，人民出版社 1995 年版，第 114 页。

④ 马克思、恩格斯：《马克思恩格斯全集》第 42 卷，人民出版社 1979 年版，第 215 页。

产关系。"空间既是物质实体（具体），即人类劳动的物质化外在化现实，又是生产的社会关系的压缩集束（抽象）"，"任何空间都体现、包含并掩盖了社会关系"。① 马克思在谈及手工业向大工业转变的过程中人类劳动场所的改变时，他指出："资本主义生产实际上是在同一个资本同时雇用较多的工人，因而劳动过程扩大了自己的规模并提供了较大量的产品的时候才开始的。较多的工人在同一时间、同一空间（或者说同一劳动场所），为了生产同种商品，在同一资本家的指挥下工作，这在历史上和逻辑上都是资本主义生产的起点。"② 因此，在劳动过程一般对空间进行物理性形塑的同时，劳动过程关系将实践的社会属性和形式烙印在空间生产中，对空间进行着社会性的重构。正如哈维指出的："空间实践只是通过它们开始活动于其间的社会关系的结构才会获得它们在社会生活中的功效。在资本主义的社会关系下，……空间实践呈现出特定的含义，这些含义被调动起来，并以特殊方式通过阶级性或其他社会实践而被投入空间中。"③ 可见，社会空间产生于有目的的社会实践，是社会关系的产物。每一种特定的社会关系都会生产出特定的社会空间，从而赋予这些社会关系合适的空间场所。

---

① ［法］亨利·列斐伏尔：《空间的生产》，刘怀玉等译，商务印书馆 2022 年版，第 41、124 页。
② 马克思、恩格斯：《马克思恩格斯全集》第 42 卷，人民出版社 1972 年版，第 358 页。
③ 薛毅：《西方都市文化研究读本》第 3 卷，广西师范大学出版社 2008 年版，第 311 页。

第三节　数字空间的理论内涵、形成逻辑与基本特征

随着数字经济时代的到来，数字空间应运而生。在马克思主义政治经济学视域中，数字空间是数字生产过程及其生产关系的载体，也是其动态发展的产物。当前，关于数字空间的研究主要聚焦于如下三个方面：一是关于数字空间内涵的讨论。自20世纪中期信息革命发生以来，学界对数字空间的认知主要将其当作"赛博空间""信息空间""网络空间"和"虚拟空间"等概念混用。随着数字技术快速迭代和社会数字化发展，新的社会组织形态（数字平台）不断涌现，社会经济系统在"比特"世界中延伸，上述概念已经无法描述数字时代空间的新特征[①]。为此，部分学者开始基于不同视角重新界定数字空间这一新形态。如部分学者侧重于技术视角，他们指出，数字空间是由天基、地基观测数据驱动，以空间通信网络、大数据、云计算等现代信息技术为手段，集科学、技术、应用与服务为一体的重大空间基础设施，[②] 是基于各类数字技术将现实空间的实体信息虚拟化、符号化所形成的虚拟世界。[③] 部分学者则侧重于强调

---

① 米加宁、章昌平、李大宇等：《"数字空间"政府及其研究纲领——第四次工业革命引致的政府形态变革》，《公共管理学报》2020年第1期。封帅：《主权原则及其竞争者：数字空间的秩序建构与演化逻辑》，《俄罗斯东欧中亚研究》2022年第4期。郎平、李艳：《数字空间国际规则建构笔谈》，《信息安全与通信保密》2021年第12期。

② 魏奉思：《"数字空间"是空间科技战略新高地》，《河南科技》2016年第19期。

③ 戚凯、张依桐：《美西方数字空间管辖的扩张动向》，《现代国际关系》2023年第3期。

空间的社会性，提出数字空间是基于数字交往和技术联结而成的人类社会交往空间，[①] 能够持续满足人与人之间的互动、交流和参与需求，[②] 是精神生产与意义传播的重要场域。[③] 二是关于数字空间经济功能的讨论。部分学者指出，数字空间互动性、融合性、扩展性、共生性等特质与社会关系的去中心性、目标的可及性、信息传播的高效性、动态演进性等运行机理，改变了乡村社会资源的配置方式与社会经济运行模式，有利于构建乡村社会文明秩序、乡村治理转型，从而助力乡村振兴。[④] 数字空间的无限性与融通性，可以建立起均衡化、网格化和多中心的数字空间生产结构，在一定程度上解决工业经济循环中地理固定性的问题。通过构建既具有线性分层特性，又具有多节点交互的全球数字空间生产布局，有利于打破全球分工的固化状态，畅通国内外国民经济循环。[⑤] 三是关于数字空间大国竞争的讨论。随着大数据和人工智能等技术的发展与应用，数字空间将成为未来大国竞争的主要领域。[⑥] 当前，以美国为代表的西方国家在数字空间加强管辖扩张以护持西方霸权，从而开启了数字空间中的"圈地运动"，其目的在于侵蚀发展中国家数字主权与安全、遏制新兴

---

① 王敏芝：《数字交往的技术后果与社会想象》，《青年记者》2023 年第 4 期。

②④ 刘先春、孙志程：《赋能与重塑：数字空间助力乡村振兴的创新机制》，《西北农林科技大学学报（社会科学版）》2023 年第 3 期。

③ 温旭：《从数字异化到数字共鸣：数字资本主义社会加速的双重幻象——以罗萨的社会加速批判理论为视角》，《新闻界》2022 年第 9 期。

⑤ 陈尧、王宝珠：《以数字经济发展畅通国民经济循环——基于空间比较的视角》，《经济学家》2022 年第 6 期。

⑥ 漆海霞：《数字空间、中美竞争与理论创新》，《国际政治科学》2022 年第 1 期。

大国正常发展态势。[①] 为此，必须坚持以主权原则为基础推进数字空间秩序建构，从而共同打造和平、发展、繁荣、稳定的数字空间。[②] 此外，还有部分学者从新闻传播学[③]、哲学[④]、伦理学[⑤] 和社会学[⑥] 等学科探讨数字空间。总体来说，关于数字空间的研究已经引起学者们的广泛关注，然而，政治经济学视域下数字空间的理论内涵、形成逻辑及其竞争逻辑特殊性的研究还较为鲜见。在此背景下，本章基于马克思主义空间理论和经济空间的形成逻辑，从政治经济学视角，厘清数字空间的概念范畴和形成逻辑，以期全面认识数字空间这一空间新形态。

一、数字空间的理论界定与空间结构

根据经济空间的概念，数字空间是数字生产过程及其生产关系的载体，也是其动态发展的产物。作为一种全新的经济空间形态，数字空间包含数字技术空间（生产力结构）和数字社会空间（社会生产关系）。

---

① 戚凯、张依桐：《美西方数字空间管辖的扩张动向》，《现代国际关系》2023 年第 3 期。鲁传颖：《全球数字地缘政治的战略态势及其影响》，《当代世界》2023 年第 5 期。

② 封帅：《主权原则及其竞争者：数字空间的秩序建构与演化逻辑》，《俄罗斯东欧中亚研究》2022 年第 4 期。

③ 徐迪：《空间、感知与关系嵌入：论数字空间媒介化过程中的技术中介效应》，《新闻大学》2021 年第 10 期。

④ 蓝江：《物体间性的形而上学——数字空间中的新唯物主义的反思》，《人文杂志》2022 年第 10 期。

⑤ 王璐瑶：《数字空间：伦理隐忧与风险治理》，《中国社会科学报》2022 年 1 月 4 日。蓝江：《云秩序、物体间性和虚体——数字空间中的伦理秩序奠基》，《道德与文明》2022 年第 6 期。

⑥ 邵春霞：《数字空间中的社区共同体营造路径——基于城市社区业主微信群的考察》，《理论与改革》2022 年第 1 期。

其中，数字技术空间是指承载着数字劳动过程及其技术关系的一种技术空间，数字社会空间是指容纳各种数字生产关系或者说是由数字生产关系所构建的一种社会空间。

从空间结构来看，数字空间可以划分为基础层、核心层和应用层。其中，基础层是指底层架构，即数字基建；核心层是指核心要素，即数据和算法；应用层是指通过数字孪生实现物理和虚拟的空间交互（见图1-1）。

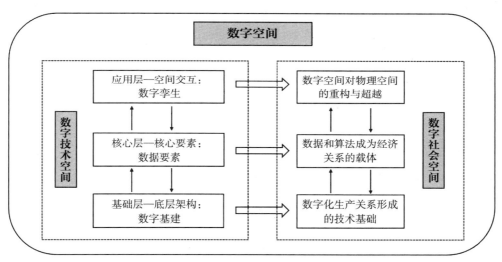

图 1-1 数字空间的基本内涵与空间结构

数字空间的底层架构是数字基础设施。数字基础设施是以数据、算法、软件、芯片、通信终端等"数字材料"为主体构建的软硬件一体的基础设施。其中，数字基础设施中的硬件部分包括超级计算机、传感器、5G基站、网通通信技术应用等硬件设施，软件部分包括数字网络技术、大数据中心等实现海量数据运行、存储和流通的软件设施。作为数字技术与传统物理基础设施的融合，数字基础设施是数字空间中最重要、最基本的数字生产资料，构成了数字空间的底层架构。从空间转换的意义上来说，数字基础设施是人类活动从物理空间进入数字空间的转换站。数字基础设施在经济生活中的普及应用，加速了社会经济各领域的数字化转变，创造了数字化的生产空间和生活空间，为人与人建立起数字化生产关系奠定了技术基础。

数字空间的核心要素是数据和算法。数字空间在某种意义上来说就是以数据要素和算法应用构成的经济空间，如工业经济条件下"工厂的躯体，即机器体系的构成一样"，① 数据和算法构成了数字空间的躯体。从一般意义上来说，数据是对客观事物的性质、状态以及相互关系等进行记载的物理符号。这种符号以比特为单位，以二进制形式被储存、识别、处理和传输。从特殊意义来说，数据是信息的表现形式和载体，信息是数据的内涵。在数字空间中，一切要素都被数据和算法所定义，无论是生产要素还是生产关系，都是以数据和算法的形式在数字空间中存在、运动。数据是一切数字经济活动的胚芽，是数字空间中最基本、最抽象的范畴。

数字空间通过数字孪生实现物理和虚拟的空间交互。数字孪生是对物理空间的数字化重构和超越。首先，数字孪生是对物理空间一切要素包括人这一主体的数字化重构，这并非与现实物理空间割裂或者形成一个并列的虚拟空间，而是对物理空间的数字化复刻，构建出与物理空间一体两面、交互映射的数字空间，强调的是虚拟数字空间与现实物理

---

① 马克思：《资本论》第 1 卷，人民出版社 2018 年版，第 481—482 页。

空间的一致性。其次，数字孪生超越了物理空间，创造了新的生产、生活空间。数字孪生打破了现实物理空间的时空局限，将社会生产生活延伸至非实物状态的虚拟数字空间，物质生产不再局限于具体实物产品的生产，各种虚拟的数字产品和数字生产关系也被纳入人类社会生产生活中。数字孪生将把两个现实中存在的空间融为一体，个体在一个空间中的行为，将对另一个空间造成影响。随着这两个空间不断地交互、调整，然后作出适应变化，将带来经济发展的无限可能。

基础层、核心层和应用层是互联互通、交互作用的。其中，基础层的数字基础设施是数字空间运行的底层架构，是核心层海量数据生产、交互、运行、存储与流通的重要基石，决定了核心层数据活动和应用层数字孪生的空间上限。核心层的内里是以数据、算法为核心要素的数字活动，数据和算法构筑起了全新的生产力结构和社会生产关系，而核心层数据运行机制和作用规律也改变了数字基础设施底层架构的形态，并对数字基础设施建设提出要求。作为数字空间的应用层，数字孪生是建立在数字基础设施和数字活动基础之上的，而数字孪生的数字化重构又会反作用于核心层的数据活动以及对底层架构的基础设施提出要求。

为此，可将数字空间界定为由数字生产实践创造，由数字技术驱动，以数字化基础设施为底层架构，以数据、算法为核心要素，贯通物理空间和虚拟空间的新的经济空间。其中，数字空间包含了数字技术空间和数字社会空间，数字技术空间和数字社会空间是辩证统一的，是不能分开的，数字技术空间在现实中的运行过程，同时也是数字社会空间的运行过程。数字社会空间是基于数字技术空间基础上进行表达的，即数字技术空间的底层架构为数字生产关系的形成奠定了技术基础，数字技术空间的核心要素数据和算法成为数字经济关系的重要载体，数字技术空间的数字孪生同时也伴随着生产关系的数字化重构。

二、数字空间的形成逻辑与基本特征

正如上文所述，空间的形成是劳动过程及其蕴含的生产关系相互联系所形成的产物，同时空间本身又承载着劳动过程一般及劳动过程关系的运行。随着数字时代的到来，从传统劳动过程向数字劳动过程转变的过程中，数字劳动过程必然要生产出一个承载数字生产力以及数字生产关系的数字空间。

（一）劳动过程一般的数字化与数字技术空间的形成

随着大数据、云计算、人工智能、区块链等前沿技术的加速创新，以新一代 ICT 技术为基础的数字技术 ① 与经济社会各领域深度融合，传统的劳动过程发生了物质条件上的数字化革命以及劳动方式的数字化变

---

① 《二十国集团数字经济发展与合作倡议》指出数字经济是以使用数字化的知识和信息作为关键生产要素、以现代信息网络作为重要载体、以信息通信技术（ICT）的有效使用作为效率提升和经济结构优化的重要推动力的一系列经济活动。从数字经济的定义可以看出，作为数字经济的物质技术基础，数字技术是对各种信息，包括图、文、声、像等转化为电子计算机能识别的二进制数字"0"和"1"后进行运算、加工、存储、传送、传播、还原的技术。当前伴随着电子通信技术的成熟，ICT 技术的范围逐渐缩小为对数据进行传输、加工等的技术，因此，本书将数字技术定义为以 ICT 技术为基础的处理数据的技术，主要包括大数据、人工智能、区块链、云计算等。详情参见蔡跃洲、牛新星：《中国数字经济增加值规模测算及结构分析》，《中国社会科学》2021 年第 11 期。

革，即以物质产品生产为主的工业化劳动方式向以数据产品生产和掌握信息为核心的数字化劳动方式转变，一般劳动过程的空间展开也由物理空间延伸至数字技术空间。

首先，数字技术的发展和应用推动了劳动过程三要素的数字化革命以及劳动方式的数字化变革，为数字技术空间的形成奠定了基础。

从劳动资料来看，劳动资料从实物形态的"工业机器"转变为虚拟形态的"数字机器"，统称数字劳动资料。数字劳动资料主要包括智能算法、计算机程序、智能软件、高性能计算集群、各类计算终端、各类计算芯片等一切作用于数字劳动对象的数字劳动工具和数字基础设施。作为技术和物质的存在，数字劳动资料是数字技术与传统物质生产资料的结合，是人类进行数字生产活动的基础工具，同时也构成了数字技术空间的底层架构。

从劳动对象来看，劳动对象从实物形态的资源要素转变为虚拟形态的数据要素。数据成为数字社会生产和再生产的主要劳动对象，以往人类对物质资源的利用转变成数据要素的作用和实践。与传统实物形态的生产要素不同，数据要素是虚拟的、无形的，这使得数据不受物理空间的局限，同时成为数字空间的核心要素。数据要素化为数字空间的形成奠定了要素基础。

从劳动本身来看，传统的现实劳动在数字空间中得到空前的延展和丰富，形成了一种新的劳动形式——数字劳动。数字劳动是人类的劳动实践活动借助于数字技术，使得人的有意识的活动在数字空间中扩大。数字劳动的本质仍是劳动实践，是传统劳动在数字空间的延伸与扩展，源于和体现传统的现实劳动，但又区别和超越现实劳动。与受到具体的时间和空间限制的、较多表现为体力劳动的现实劳动相比，数字空间中的数字劳动则不受时空限制且较多表现为脑力劳动。从具体劳动形式来看，数字劳动更多表现为数据加工以及信息编码等生产性活动。

从劳动方式来看，随着劳动资料、劳动对象以及劳动本身的数字化变革，劳动者与生产资料结合方式也发生了变化。具体来说，数字劳动方式主要是劳动者利用数字劳动资料进行非实物形态的数字产品的生产。由于数字产品及数字劳动资料具有虚拟性的特征，因此劳动者与数字劳动资料的结合在一定程度上摆脱了物理空间的限制，劳动者可以随时随地利用数字平台等数字劳动资料，进行数据加工和信息编码等生产性活动。同时，随着数字技术的发展进步，数字劳动者可以在短时间内获取大量且全面的数据和信息，甚至可以借助智能机器人等工具和简单迅捷的操作而较少参与直接的劳动过程，极大提高劳动的效率和质量，降低劳动的各方面成本，实现对更为复杂和繁琐的客体世界的探索与实践。

其次，随着劳动过程一般的数字化变革，其数字化展开也构建了一种新的技术时空结构，即数字技术空间。数字技术空间是指承载着数字技术关系和数字劳动方式的一种技术空间。与传统的现实物理空间不同，数字技术空间主要呈现出"数字化、流动化、网格化"三大特征。

就"数字化"而言，数字技术空间生产、存储着虚拟数字产品。一方面，数字技术空间是由数据、算法、数字生产资料等要素构成，具备虚拟性特征，是承载数字经济活动的虚拟"数字工厂"。另一方面，数字技术空间中的物质生产活动主要是虚拟数字产品的生产。当前，虚拟数字产品的生产主要包括两种类型：一是服务于物质产品生产的虚拟数据产品生产与存储。例如，数字劳动者利用数字技术将现实经济空间的经济要素数字化，使之成为可操作的一系列物质的虚拟数据，再通过数据在数字技术空间中的匹配、融合、协同，最后以虚拟空间的联动效应促成现实物理空间中实物生产要素的调配，提高物质产品的生产效率。二是单纯虚拟数据产品的生产与存储。例如，数据、算法、程序、操作系统等数字生产资料以及电子游戏、虚拟货币、短视频等虚拟数字商品的生产。

就"流动化"而言，数字技术空间突破了传统生产要素的固定性。曼纽尔·卡斯特指出："我们的社会是环绕着流动而建构起来的：资本流动、信息流动、技术流动、组织性互动的流动以及影像、声音、象征的流动。流动不仅是社会组织里的一个要素而已：流动是支配了我们的经济、政治和象征生活之过程的表现。"[①] 从这个意义上来说，经济社会的发展就是不断为这种流动提供物质支持。物理空间强调地理固定性，

---

① ［英］曼纽尔·卡斯特：《网络社会的崛起》，夏铸九、王志弘等译，社会科学文献出版社 2001 年版，第 505 页。

即基于有形生产要素聚集而形成的具有物理边界的空间。随着数字技术的发展和数字劳动过程的形成，传统的时间、空间和距离的概念被重新定义，经济活动的物理空间边界也逐渐消融。在数字劳动过程和数字技术空间的共同作用下，人流、物流、信息流、资金流、技术流等一切要素流转变为数字流。数字流以其虚拟性和即时性的特征克服了物理空间中地理区位、自然环境和资源禀赋等方面的限制，实现了数字要素在城乡、区域甚至全球范围内顺畅流动，进而推动着空间形态由静态、固定的物理空间转向"流动化"的数字技术空间。

就"网格化"而言，数字技术空间的空间布局、空间联系以及空间组织均呈现出网络化倾向。与物理空间以城市群、中心城市等为主导的空间结构不同，数字技术空间是由一个个虚拟数字节点构成的网络状的多维空间结构，各经济主体、经济地区、经济环节等在数字技术空间中都表现为一个虚拟数字节点。每一个虚拟数字节点都能通过区块链等数字连接技术实现"点对点"的即时沟通，这使得数字技术空间的空间结构是网络状的。同时，网格化的数字技术空间避免了物理空间中的地理中心主义，有利于形成跨地域、均衡化、多中心的生产格局。

综上，数字技术的发展推动了劳动过程一般在物质条件上的数字化革命，数据成为人类经济社会的重要生产要素，数字劳动资料成为数字时代的重要标志，工业劳动逐步向数字劳动转化，物理空间中的工厂车间为数字技术捕获，演化为"数字化、流动化和网格化"的数字技术空间。

（二）劳动过程关系的数字化与数字社会空间的形成

数字社会空间是指容纳各种数字生产关系或者说是由数字生产关系所构建的一种社会空间。马克思指出："人们生产力的一切变化必然引起他们的生产关系的变化。"[①]同时，"生产者相互发生的这些社会关系，他们借以互相交换其活动和参与全部生产活动的条件，当然依照生产资料的性质而有所不同"[②]。随着数字技术在社会生产与再生产中的渗透和运用，生产者之间互相交换活动以及参与生产活动的条件发生了数字化重构，使得社会生产关系随之发生数字化延展。尽管数字社会空间中的经济关系离不开现实社会的根源，但其数字化延展打造出数字生产关系总和的新样态，推动了"虚拟化、隐蔽化、碎片化"数字社会空间的形成。

首先，数字技术变革以及数字劳动过程的变化深刻改变了生产、分配、交换和消费等经济活动环节，从而推动了生产关系、交换关系、分配关系、消费关系等的数字化延展。

从生产关系来看，主要表现为劳动者与生产资料的结合打破了物理空间的限制，劳动者与生产资料所有者以及劳动者之间的联系在一定程度上可以脱离物理空间建立起来。在工业经济活动中人与人连成的生产关系也是无形的、抽象的，但是因为其载体和主体是现实物理空间的

---

① 马克思、恩格斯：《马克思恩格斯文集》第 1 卷，人民出版社 2009 年版，第 613 页。

② 同上书，第 724 页。

商品和经济主体，因此，生产关系的建立也受到了物理时空的限制。例如，身处南半球的经济主体难以跨越地理距离与北半球的经济主体建立起密切的生产关系。而随着生产关系载体和主体的虚拟化，这种物理空间距离不断被消除，人与人通过数字产品和虚拟经济体建立起数字化生产关系，这突破了传统因素中的时间、地域、身份等对人们经济联系的限制，大大缩短了人与人、人与自然之间联系的时长和距离。

值得注意的是，尽管数字技术条件下的生产关系呈现出新的特征，但是数字技术以及数字劳动过程的变革并未对所有制关系产生直接影响，从而也并未改变生产关系的性质。在资本主义条件下，数字生产资料隶属于"资本家"，即资本的人格化表现。而劳动者与生产资料的结合则表现为数字劳动者的"活劳动"被并入数字生产资料的"死劳动"之中，劳动依然隶属于资本，这种隶属关系进一步强化且更加隐蔽。在社会主义条件下，数字生产资料归全民所有，劳动者与生产资料的结合表现为全体劳动者共同占有数字生产资料，呈现出共同享有的特性。

从交换关系来看，主要表现为交换对象转变为数字产品的交换以及交换场所转变为数字化和虚拟化的数字交换空间。伴随着数字技术在流通领域中的渗透和应用，数字交换空间逐渐替代传统市场空间交易模式，从而催生出虚拟化形态的交换关系。与现实的交换市场不同，数字交换模式依托于数字交换技术，打破了物理交换存在的时间和空间壁垒，加速了数字化生产要素在人与人、人与自然、人与物之间的流动，实现了线上线下、全域、全渠道以及从供给端到需求端的全链条、全流程、全场景的网状化连接。这种交换方式反馈至现实经济活动，就形成了精准式、去中心化的网络状分布的市场交换模式，形成了高效便捷的虚拟化、数字化的交换关系。

从分配关系来看，主要表现为分配对象转变为数字产品、数字生产资料的分配以及分配机制被智能算法取代。分配关系包含分配制度和分配机制两个层次。社会生产资料所有制决定了基本的分配制度，从而反映了特定的生产关系。在数字生产方式下，分配制度并未发生改变，但是分配机制发生了新的变化。数据和智能算法成为产品分配和收入分配的依据。不同于以往笼统的分配方式，数字技术条件下的分配是通过智能算法等将劳动者的表现数据化，再通过数据的采集和运算，对每个劳动者进行绩效评价，最后根据算法计算出的结果进行产品和收入的分配。这种分配方式在一定程度上提高了分配结果的精准性和客观性。

从消费关系来看，主要表现为消费对象转变为数字产品以及消费过程向产消一体化转变。一方面，以数据产品为消费对象的数字消费方式快速发展。随着数字产业以及产业数字化的不断发展，虚拟的数字产品，如数据、游戏产品、虚拟货币、图像、视频等非实物形态产品成为重要消费对象。同时，人们的消费方式越发受到数字技术的影响，自主消费能力逐渐被数字技术所取代。尤其是，随着人类日常生产、生活领域逐渐被数字技术渗透，以算法为主导的思维模式开始代替人类的思维模式，人们也越来越相信且依赖于算法能够得到最优化的结果，因此消费者在进行消费活动时并不是根据自身消费需要，而是算法促使消费者产生的"消费需求"。另一方面，随着"玩劳动""用户无酬劳动"以及"受众商品"等的出现，个体在消费过程中产生的数据也被纳入社会生产、生活体系，这使得消费行为在某种意义上具备了生产性的特征，消费关系随之与生产关系交织。

其次，社会生产关系的数字化延展改变了社会空间的形态，构建出容纳数字生产关系的数字社会空间，且呈现出"虚拟化、隐蔽化、碎片化"的特征。

就"虚拟化"而言，数字社会空间中生产关系载体的数字化使其呈现出形式上与实质上的"双重虚拟化"特征。"在工业经济时代，实物商品作为资本主义的经济细胞，包含着资本主义生产关系各种矛盾的萌芽"[①]，即生产关系表现为实物形态商品之间的关系。进入数字经济时代后，商品是以数据、图片、文字、算法等数字产品所构筑的"虚拟形式"展现出来的[②]，数字商品成为了数字生产关系的载体，本质上蕴含着人与人之间的经济关系及其矛盾。因此，在数字社会空间中，生产关系表现为虚拟形式的数字产品之间的关系，这使得生产关系在形式上和实质上都呈现"虚拟化"的特征。

就"隐蔽化"而言，数字社会空间中生产关系主体的数字化使其呈现出双重"隐蔽化"特征。首先，人与人之间的生产关系本身就具备隐

① 马克思：《资本论》第 1 卷，人民出版社 2018 年版，第 2 页。
② 王琳：《数字技术条件下经济关系的虚拟化特征及其理论逻辑探究》，《教学与研究》2022 年第 3 期。

蔽性，经济主体之间形成的一定的社会关系，"不是表现为人们在自己劳动中的直接的社会关系，而是表现为人们之间的物的关系和物之间的社会关系"①，即生产关系蕴含于人类生产实践活动之中。其次，在数字社会空间中，形成生产关系的主体由现实物理空间中的人、企业等经济体转变为虚拟经济体或数字分身。也就是说，现实社会中的经济主体之间形成的一对一、一对多或者多对多的经济关系是通过虚拟经济体在数字社会空间中间接地建立起来的，这使得经济体之间的生产关系被隐匿于虚拟经济体之中，呈现出隐蔽化、间接化、多样化的特征。

就"碎片化"而言，数字技术使得社会时间碎片化的同时，也让数字社会空间呈现出"碎片化"的特征。在物理空间中，工厂、学校、家庭等空间场所以实物形态固定下来后，人的经济活动就是在这些空间之间流动，并依赖于这些空间构建起个体的社会关系。而在数字社会空间中，数字技术的瞬时性可以使不同的个体在不同的社会空间内快速迁移和切换。但与此同时，数字技术将人的语言、动作、意识、时间、状态等主体实践也进一步分割成一个个断点和截面，且将人与人之间复杂且多元的社会关系分割成一个个独立的数字社会空间，这进一步加剧了现实物理空间社会关系的碎片化程度。

综上，数字技术变革以及数字劳动方式的变化深刻改变了生产、分配、交换和消费等经济活动环节，从而推动了社会生产关系的数字化延

---

① 马克思：《资本论》第 1 卷，人民出版社 2018 年版，第 90 页。

展。而社会生产关系的数字化延展同时也生产出"虚拟化、隐蔽化、碎片化"的数字社会空间。

最后值得强调的是，本章重点是探讨数字社会空间的形成逻辑，因此撇开了特定的社会的形式对其加以考察，即侧重从一般意义上考察数字化生产关系的产生及其特征对数字社会空间形成的作用。关于不同社会形式下生产关系的变化，我们认为，无论是社会主义还是资本主义条件下，数字生产关系是对其原先生产关系的数字化重构，同时会呈现出新变化、新矛盾和新特征，但并不改变原先生产关系的性质，即资本主义条件下的数字生产关系会形成资本主义数字社会空间，社会主义条件下的数字生产关系会形成社会主义数字社会空间。

第二章

数字空间安全与发展的理论逻辑

在数字空间发展尚未成熟、数字技术存在缺陷、数字规则真空、大国竞争失序以及数字资本主义深刻影响世界秩序等背景下，数字空间的安全风险泛化叠加，数字攻击、数字犯罪活动猖獗，数据霸权、数字垄断等霸权主义、强权政治上升，数字空间在促进经济效率实现的同时，其安全形势面临严峻挑战。数字空间作为数字经济时代经济社会发展依托的重要空间，是世界各国博弈、争夺未来发展高地的重要领域，数字空间安全与发展事关国家发展大局，从理论层面把握数字空间安全与发展的逻辑，将为实践层面的数字空间安全与发展提供基础。本章将首先探究数字空间的经济效率实现及其安全挑战，其次将韧性概念从物理空间拓展至数字空间，探究以数字空间韧性统筹数字空间发展和安全的理论逻辑。

第一节　数字空间的经济效率实现与安全挑战分析

随着数字时代的到来，数字技术的发展与应用不断重塑经济社会循环运转的空间形态和空间结构，由数字技术驱动，以数字信息网络为底层架构，以数据为核心要素构成的数字空间在全球范围内逐渐成形。一方面，数字空间突破了传统因素中时间、地域、身份等对人们经济联系的限制，消除了物理空间的时空阻碍，使世界比以往任何时候都更加紧密地连接，促进了资本、商品、信息、技术、服务、知识、人才、数据等在全球范围内加速流动，极大提高了经济社会发展的效率。另一方面，数字空间与现实世界是映射共生的关系，这就意味着现实空间的诸多治理问题将在数字空间得以延伸。更为重要的是，这种延伸不是简单的"照搬"，而是会因为"数字化"而产生一些新的运转特点，从而不断带来新的问题。① 尤其是，在数字空间发展尚未成熟、数字技术存在缺陷、数字规则真空、大国竞争失序以及数字资本主义主导世界秩序等背景下，数字空间在不断实现经济效率的同时，其安全形势面临严峻挑战。

一、数字空间的经济效率实现

伴随着数字全球化发展，以数据和数字劳动资料为关键生产要素的数字经济正成为重组要素资源、重塑经济结构、推动经济高质量发展的关键力量。根据《世界互联网发展报告2022》的统计数据，2021年，全球47个国家的数字经济增加值规模达到38.1万亿美元，同比名义增长15.6%，占GDP的比重达到45.0%。② 工业社会发展模式在提高生产力方面已经达到了其发展空间的界限，仅靠物理空间扩张已经无法满足人

---

① 郎平、李艳：《数字空间国际规则建构笔谈》，《信息安全与通信保密》2021年第12期。

② 中国网络空间研究院：《世界互联网发展报告2022》，电子工业出版社2022年版，第2页。

类生产实践的需求。数字空间作为一种新的经济空间形态，不仅承载了数字生产要素以及数字劳动过程的展开，极大扩展了人类生产实践的场域，在一定程度上克服了物理空间的局限，并且在生产、交换、分配、消费四个环节及其相互间的转换过程中提高了经济社会发展的效率。

（一）数字空间承载着数字生产要素及数字劳动过程的展开

在数字全球化的背景下，数据产品、数字劳动资料等数字产品日益成为人们生产、生活的重要基础，数字产品生产也成为人类经济实践活动的重要组成部分。尤其是，随着个体日常生产、生活的时空形态不断进行数字化转变，人类社会的物质生产方式被打上了浓重的数字化烙印，数字产品也成为了数字时代的"石油"。但是，数字产品是以比特为单位的非实物形态的物质，无法产生于纯粹的物理空间，更无法在物理空间中自由流动，而数字空间为数字产品的生产和流动提供了空间场所。

首先，数字空间成为数字产品生产的重要场域。由于数字产品具有虚拟形态的特征，纯粹的"原子化"的物理空间无法进行"比特化"的数字产品的生产实践。具体来看，数字产品的生产主要分为两步，其中，第一步是数字劳动者利用数字生产资料将隐藏在物理空间中的信息收集和提炼出来，从而存储于数字空间中，形成原始数字产品，这一步骤发生于物理空间和数字空间中，劳动者借助数字生产资料实现数字空间对物理空间的数据化重构；第二个步骤是数字劳动者在数字空间中利用数字生产资料，根据人们生产、生活的需要对原始数字产品进行再生产的过程，这个过程主要发生于数字空间之中，是数字空间自身独有的承载的数字经济活动。

其次，数字产品的流动也依赖于数字空间的支撑。与传统实物形态产品不同，数字产品只有流动起来才会产生相应的使用价值。而数字产品的流动是一种"比特流"，它无法在传统地理空间中实现自由流动，在数字时代之前，数字产品尤其是数据受限于数字技术的发展和数字化程度，往往只能依赖于实物形态的物质产品在小范围物理空间中使用和流转，因此数据无法产生规模效应从而发挥本身最大的使用价值。而数字技术驱动下的数字空间可以实现数据的瞬时聚合，数据可以通过数字空间实现在不同物理空间中的快速流动和使用，从而与众多其他数据发生"反应"，发挥出数据的最大使用价值。

最后，数字劳动过程的展开依赖于数字空间对经济活动空间的拓展。数字劳动过程的运行需要数字空间来承载。作为数字时代新的空间形态，数字空间打通了物理空间和虚拟空间的界限，将现有的经济空间扩展为虚拟空间和物理空间交互作用的新空间，为数字劳动过程的展开开辟了新的空间场域。

一方面，数字劳动过程是劳动者利用数字生产资料作用于无实物形态数字产品劳动对象的过程，数字生产资料以及数字产品的虚拟形态使得数字经济劳动过程的展开无须集中于固定的物理空间，而劳动者对实物形态的劳动资料和劳动对象的操作转变为对存储于虚拟空间且无实物形态的劳动资料和劳动对象的操作。同时，数字劳动过程不受空间大小的限制，不受地理区位、土地、能源等资源禀赋的约束，从理论层面上来说，只要算法、算力、数字生产资料能够不断发展，那么数字空间就具有无限无垠的特性。

另一方面，数字生产关系是依托于数字社会空间建立起来的。"为了进行生产，人们相互之间便发生一定的联系和关系；只有在这些社会联系和社会关系的范围内，才会有他们对自然界的影响，才会有生产。"[①]数字空间创造了人与自然、人与人之间互动的新方式，实现跨越时间的经济联系。具体来说，人与人之间是通过虚拟经济体实现网络虚拟人际交往互动，形成数字化的生产关系。尽管数字生产关系离不开现实社会的根源，但是个体在数字空间中突破了人在物理架构上具有唯一性的局限，可以自由编辑和创造多个数字分身及特征。同时，人与人之间的交往范围、交往边界、交往领域都随着数字社会空间的形成而不断扩展，正如戴维·哈维所言，世界以"时空压缩"的形式迅速变小。[②]

值得强调的是，数字空间以及数字劳动过程离不开物理空间的支撑。尽管数字劳动过程是劳动者利用数字生产资料作用于无实物形态数字劳动对象的过程，但其数据要素是源自于对物理空间中全部经济要素和经济活动的数字化重构，脱离了物理空间及其内在的各种实体要素，数据要素和数字空间便不存在。

---

① 马克思、恩格斯：《马克思恩格斯文集》第1卷，人民出版社2009年版，第724页。

② ［美］戴维·哈维：《后现代的状况》，阎嘉译，商务印书馆2013年版，第300页。

（二）数字空间消除了传统物理空间中的"地理固定性"

在物理空间中，经济活动主要以有形要素作为生产要素进行生产，而有形要素聚集于固定的物理空间以展开劳动过程是经济发展的逻辑必然和典型特征。[①]"工业可通过空间聚集来节约流通费用和时间。把经济以及运输和通信网络的有效配置集聚起来能减少流通时间并为资本留出更多剩余价值。"[②] 但是与此同时，这种聚集将使部分生产要素同时被固定于一定的地点，即"一部分劳动资料，包括一般劳动条件在内，一旦作为劳动资料进入生产过程，或准备执行生产职能，就固定在一定的地点，例如机器；或者一开始就在这种不动的、同所在地点不能分开的形式上被生产出来，例如土壤改良、厂房、高炉、运河、铁路等等"[③]。尤其是固定资本投资于特定的空间和地域就只能在一定的空间中流动而无法转移到其他地方，同时生产和消费也越来越多地被禁锢在固定的做事方式中，越来越多地限于未来的特定生产和特定空间配置方式。[④] 即"一旦投资被嵌入某一特定地域的土地，如果资本不出现贬值，资本就必须在那个地域使用。资本运动在空间上受到限制……"[⑤]。而数字空间改变了物理空间中的生产范式，超越了传统物理空间所定义的方向、距

[①] 陈尧、王宝珠：《以数字经济发展畅通国民经济循环——基于空间比较的视角》，《经济学家》2022 年第 6 期。

[②] ［美］大卫·哈维：《马克思与〈资本论〉》，周大昕译，中信出版集团 2021 年版，第 204 页。

[③] 同上书，第 181—182 页。

[④] 同上书，第 230 页。

[⑤] 同上书，第 204 页。

离以及各要素之间的联结性等概念，消除了物理空间中"地理固定性"的限制。在数字空间中，劳动者的实践活动是通过作用于无形数据取代有形要素，以数据的运动来推动物理空间中有形要素的运动，甚至可以直接通过对数据的处理而实现物理空间中的物质生产活动。因此，劳动场所从封闭的工厂或者固定的地理空间转向虚拟数字节点构成的数字空间，数字劳动者可以通过数字空间实现跨国、跨区域、跨组织流动与聚集，展开无固定地点的经济活动，在不同物理空间中进行同一协作生产和专业化分工生产。进一步而言，由于数据在数字空间中的移动交互具有瞬时性，不受物理空间的局限，不存在地理自然环境的局限，因此，数字空间中的经济活动在很大程度上消除了物理空间中经济活动所存在的时空阻隔，在一定程度上避免了物理空间中存在的区域经济发展不平衡、空间分割等问题。

（三）数字空间提高了国民经济循环的运行效率

从人类社会经济活动的一般性来看，国民经济循环就是生产、分配、交换和消费四个环节在时空上相互联系、相互依存、相互转化的循环过程。数字空间提高了各环节的效率，同时极大缩短各个环节以及不同环节之间转换的时间。

从生产领域来看，数字空间推动了社会生产数字化转变，构造了数字化的生产关系。一方面，数字空间可以通过算法控制手段优化生产要素配置，使得生产要素的比例和结构得以精准化，减少要素比例与结构匹配失调几率。另一方面，数字劳动者可通过数字技术将现实空间的经济要素转化为数字空间中可操作的一系列虚拟数据，各经济主体可以在数字空间中实现"点对点"的即时沟通，从而提高经济活动的生产效率。

从交换领域来看，数字空间推动经济社会中交换方式去中介化，促使交换关系转变成数字化形态进行交换。一方面，数据在数字空间中的流动不存在物理空间壁垒且不受自然环境的制约，数据可以通过数字交换网络进行跨时空交换，实现数据要素的快速聚合和匹配。作为信息的载体，数据的快速流通可以降低市场交换中的信息不对称，减少市场失灵，缩短经济活动中要素流通时间，提高市场经济运行效率。另一方面，数字技术在现代物流体系中的运用，可以缩短交换链条，实现交换链去中介化，且通过智能算法计算得出最佳交换方式，可极大提高流通速度，促使不同物理空间下的经济主体间的交换活动更加高效。

从分配领域来看，数字空间促进社会分配方式优化，构造分配关系的新样态。生产决定消费，分配取决于劳动者在生产过程中的贡献率。在传统分配领域中，由于监督成本过高等原因，劳动者的贡献率往往难以精确测量，但是在数字空间中，可以通过数字算法技术的精准性、客观性，智能测算劳动者在劳动过程中的贡献率，在一定程度上可以实现劳动产品的合理分配比例，协调劳动关系，激发人类劳动的积极性、创造性。

从消费领域来看，数字空间不仅降低了消费者获取产品信息的成本，且可以借助数字空间的现实体验，了解自身所需的产品，打破了产品产销两地的地理时空限制。同时，数字空间的形成使得人的美好生活的需要不再局限于具体实物产品的满足，各种虚拟数字产品也成为人们满足自身需要尤其是精神生活需要的必需品。人们的生活方式已经从现实物理空间延伸至虚拟数字空间，数字化生活成为大数据时代不可或缺的生活方式。例如，当前的云购物、云娱乐、云旅游等数字空间中的活动就是人们通过数字空间本身获取沉浸式的消费体验，实现精神生活需求的满足。

二、数字空间发展的安全挑战分析

数字空间成为人类生产生活和交往互动的独特空间维度，其无界性、即时性和跨地域性的特征，催生了全新生产范式、全域应用场景和全时空交流模式，为全球经济高质量发展带来了新动能。但不可否认的是，数字空间不仅蕴含着美好的发展前景，同时它所带来的安全风险也正在日益加剧，数字监控、数字信息泄露、数字技术攻击等问题已经严重破坏全球数字经济安全与稳定。

（一）数据信息泄露层出不穷

随着数字技术的快速发展，各类应用程序的开发呈现爆发式增长，覆盖领域不断扩大，渗透到人们生活的方方面面。在人们享受各种应用程序为其带来社交、购物、出行、餐饮、娱乐等便利的同时，人们在数字空间的活动轨迹亦被应用程序记录监控，与之相伴随，个人信息如姓名、年龄、兴趣爱好、身体状况等信息面临着被过度收集、泄露、非法利用等巨大风险。基于数据、算法以及各类数字平台和智能设备的数字空间，从某种程度上实现了对整个社会生存空间的监控。即米歇尔·福柯（Michel Foucault）所认为的"一种无限普遍化的'全景敞视主义'机制的运动中，出现了一个全新的资本主义社会形态——规训社会"①在数字时代成为现实。随着数字空间与现实物理空间的不断交互，这座"超级全景监狱"逐渐覆盖社会的各个角落，所有人的隐私和自由都被这所监狱所管控。近些年，互联网企业用户数据信息泄露屡见不鲜。社交媒体脸书曾多次被报道大规模泄露用户数据。2018年脸书上超5000万用户的信息被政治数据公司获取；2019年脸书因安全漏洞导致2.67亿用户的隐私数据被售卖；②2021年脸书上涉及106个国家、约5.33亿用户的数据被窃取泄露。③与此同时，一些国家情报部门对用户以及其他国家进行网络监控获取情报信息。如在世界引起轩然大波的"棱镜门"事件，美国情报机构通过"棱镜"项目对美国公民、英国、日本、德国、法国、中国等国家进行监控，广泛监视用户网络行为和收集情报信息。④美国情报部门发起"怒角计划"，通过手机应用程序向手机植入间谍软件或破解程序漏洞进而窃取信息；与英国合作发起"强

① ［法］米歇尔·福柯：《规训与惩罚》，刘北成、杨远婴译，三联书店1999年版，第242页。

② 《又泄露用户隐私，Facebook可能要赔5.5亿美元！这回是非法收集人脸数据》，新华网，https://baijiahao.baidu.com/s?id=1666310592657879708&wfr=spider&for=pc，2020年5月10日。

③ 《泄露5亿用户数据！脸书被罚2.65亿欧元》，上观新闻，https://export.shobserver.com/baijiahao/html/556074.html，2022年11月29日。

④ 陈梦瑶：《国家网络空间安全治理的对策研究》，湖北大学硕士学位论文2021年。

健计划"，通过入侵谷歌和雅虎服务器窃取上亿条私人信息。[①]Oakstar、Stormbrew、Blarney、Fairview 等窃密项目层出不穷。数据信息泄露给个人以及国家安全都带来了严峻挑战。

（二）数字空间攻击接连不断

随着数字经济高速发展，数字技术与各行各业不断渗透融合，在数字空间不断扩大的同时，数字空间的不同行为主体、数字空间的不同层次结构都受到黑客觊觎。近些年，数字空间攻击活动频频发生，数字空间安全状况面临着进一步恶化的风险。黑客对数字空间攻击手段多样化，如采取木马、勒索病毒、电子邮件、钓鱼软件、DDoS（分布式拒绝服务）等攻击方式。其中 DDoS 就是常见的恶意破坏型攻击方式之一，据《2022 年 DDoS 攻击威胁报告》显示，DDos 攻击连续 4 年增长，2022 年攻击次数较 2021 年增长 8%，百 G 以上大流量攻击平均约 1 小时一次，攻击态势凶猛。[②]尤其在数字经济时代云计算蓬勃发展的状况下，针对云计算的 DDoS 攻击与日俱增，"几乎没有云计算平台能免遭 DDoS 攻击"[③]。在数字空间攻击数量不断增加的同时，数字空间攻击的范围亦在不断扩大。黑客、国外情报机构不仅攻击电脑设备、用户

[①] 《"脏盒""怒角计划""强健计划"……美国是如何监控全球的？》，中国经济网，https://baijiahao.baidu.com/s?id=1676686295646592401&wfr=spider&for=pc，2020 年 9 与月 2 日。

[②] 《DDoS 威胁 4 年持续增长》，腾讯安全，https://s.tencent.com/activity/news/276，2023 年 1 月 16 日。

[③] 岳猛、王怀远、吴志军、刘亮：《云计算中 DDoS 攻防技术研究综述》，《计算机学报》2020 年第 12 期。

手机，而且向各类智能穿戴设备、智能家电、智能汽车、关键基础设施等进行攻击，被攻击的主体不仅仅是个人，还向企业、科研机构、国家蔓延。2022 年富士康遭到勒索软件攻击，同年我国西北工业大学遭到美国国家安全局的"特定入侵行动办公室"（简称"TAO"）的攻击，并在调查中发现 TAO 利用非法攻击渗透控制中国基础设施[①]。在新一代数字技术与物理世界不断融合中，在更多的活动被接入互联网中，数字空间被接连不断的攻击给国家、企业以及个体安全发展造成前所未有的威胁。

（三）数字空间争夺悄然发生

卡斯特（Castells）在分析网络社会时指出："作为一种历史趋势，信息时代的支配性功能与过程日益以网络组织起来。网络建构了我们社会的新社会形态，而网络化逻辑的扩散实质地改变了生产、经验、权力与文化过程中的操作和结果"。[②] 相同地，在社会结构数字化变革的过程中，数字空间的支配性功能和过程以数字组织起来。在世界百年未有之大变局与数字时代交织背景下，数字空间占据着"牵一发而动全身"的关键地位，是世界大国竞争的主要领域。世界各国竞相抢占发展制高点，国家间的竞争博弈从物理空间延伸至数字空间。随着中国在高科技

---

① 《西北工业大学遭受美国 NSA 网络攻击调查报告（之二）》，央视新闻，http://news.cctv.com/2022/09/27/ARTIHRBJPVBb1QkxfnSMe5Zn220927.shtml，2022 年 9 月 27 日。

② ［美］曼纽尔·卡斯特：《网络社会的崛起》，夏铸九等译，社会科学文献出版社 2001 年版，第 569 页。

领域的发展，美国产生了强烈危机感，采取各种手段扼制我国高科技发展。典型的如美国对华为的限制打压，切断芯片供应。美国对华为的限制打压实际是扼制其他国家核心技术发展进而维持其自身技术优势，进而巩固其网络霸权地位。相比于"兵戎相见"的物理空间竞争，更加隐蔽的数字空间竞争正在悄然发生并呈现加剧的态势。

第二节　韧性：一个统筹数字空间发展和安全的核心概念

习近平总书记指出，"网络安全和信息化是相辅相成的。安全是发展的前提，发展是安全的保障，安全和发展要同步推进"[①]。一方面，数字经济正以不可阻挡的态势加速发展，日益成为"重组全球要素资源、重塑全球经济结构、改变全球竞争格局的关键力量"[②]。另一方面，数字空间面临的风险层出不穷、变化多端。诚如习近平总书记所强调的，"从世界范围看，网络安全威胁和风险日益突出，并日益向政治、经济、文化、社会、生态、国防等领域传导渗透"[③]。防范化解数字空间面临的各类风险挑战、推动数字空间高质量发展，必须统筹好数字空间的发展和安全。这其中，构建数字空间韧性显得尤为重要。本章将从"韧性"

---

① 习近平：《在网络安全和信息化工作座谈会上的讲话》，中华人民共和国中央人民政府网，http://www.gov.cn/xinwen/2016-04/25/content_5067705.htm?cid=303，2016年4月25日。

② 国务院：《"十四五"数字经济发展规划》，中华人民共和国中央人民政府网，http://www.gov.cn/zhengce/content/2022-01/12/content_5667817.htm，2022年1月12日。

③ 《习近平关于网络强国论述摘编》，中央文献出版社2021年版，第91页。

这一概念出发，对韧性理论的演进进行梳理，并提供将其拓展至数字空间中加以考察。

一、韧性理论的追溯与演进

"韧性"（Resilience）一词最早被用来表示在压力作用下的反弹力、复原力。其首次被科学使用，可追溯至培根·弗朗西斯（Bacon Francis）在《木林集》中对实验科学方法的普及。1973 年，生态学家霍林（Holling）通过其文章《生态系统的韧性与稳定性》，开创了韧性在生态学中的现代研究之路。伴随着包括经济危机、地缘政治形势、气候变化、恐怖主义等在内的一系列事关安全与发展的事件层出不穷，"韧性"一词开始被广泛应用于社会科学和公共政策的研究中，以刻画地方和社会系统的响应能力①，此后，基于不同学科的发展形成了多元化的韧性理论。以下我们将侧重于社会科学领域对"韧性"的界定、建构与应用，对韧性理论的演进脉络进行梳理。

（一）生态学中的"韧性"理论

生态学中的韧性，通常指"系统在承受变化压力的过程中吸收扰动，进行结构重组，以保持系统的基本结构、功能、关键识别特征以及反馈机制不发生根本性变化的一种能力"②。1973 年，在加拿大理

---

① Edward W. Hill, Haward Wial and Harold Wolman, "Exploring Regional Economic Resilience," Working Paper, Institute of Urban and Regional Development, Apr. 2008.

② Brian Walker, C. S. Holling, Stepen R. Carpenter and Ann Kinzig, "Resilience, Adaptability and Transformability in Social-ecological Systems," *Ecology and Society*, Vol.9, No.2, Sept. 2004.

论生态学家霍林的开创性文章中，韧性被定义为"衡量系统的持久性及其吸收变化和干扰，并且仍然保持同样的种群关系或状态变量的能力的一种测度"①，从而打破了过去对生态系统单一稳定均衡状态的理解，将其视为一个动态性、周期性的系统。以此为基础，霍林及其团队建立了包括景观状态、多稳态、适应性循环、扰沌、慢变量、快变量等在内的一系列概念，②生态学中的"韧性"理论就此奠基并发展。

这一理论很快被应用到社会生态系统（The Socio-ecological System，SES）中。沃克（Walker）等学者将韧性划分为阈度、抗阻、晃险和扰沌等四个维度，分别刻画系统丧失能力的极限值、系统状态变化的难易程度、系统目前状态与阈值间的距离，以及系统韧性同时受到其他各级系统的影响程度。③但由于社会生态系统韧性的刻画相较生态系统的相互作用更为复杂，因此早期研究大都局限于动态资源管理。④近年来，以韧性联盟领导的研究尝试从跨学科的角度开展社会生态系统的广泛研

---

① C. S. Holling. "Resilience and Stability of Ecological Systems," An*nual Review of Ecology and Systematics*, Vol.4, No.1, pp.1—23. Sept. 1973.

② Stepen R. Carpenter and William A. Brock, "Adaptive Capacity and Traps," *Ecology and Society*, Vol.13, No.2, p.11, Dec. 2008.

③ Brian Walker, C. S. Holling, Stepen R. Carpenter and Ann Kinzig, "Resilience, Adaptability and Transformability in Social-ecological Systems," *Ecology and Society*, Vol.9, No.2, Sept. 2004.

④ Carl Folke. "Resilience: the Emergence of A Perspective for Social-ecological Systems Analyses," *Global Environmental Change-Human and Policy Dimensions*, Vol.16, No.3, pp.253—267, Jul. 2006.

究，通过深入探讨社区如何吸收干扰和维持功能、如何建立社会和生态经济系统间韧性等问题，[①] 促进了生态学、社会学之间更为广泛的学科融合，进而推动了包括系统演化结构和过程重组、系统更新与新轨迹生成等在内的演化韧性理论的发展。[②]

（二）灾害风险管理领域中的"韧性"理论

灾害学，或者说灾害风险管理领域中的"韧性"理论构建，是对社会生态系统"韧性"理论的继承与发展，在人类适应气候变化的相关议题中占有重要地位。在灾害学领域中，"韧性"通常被理解为从危害中恢复过来的能力。在相关领域中，蒂默曼（Timmerman）是最早讨论人类社会对气候变化韧性影响的学者。他通过考察韧性与脆弱性、可靠性等概念的区别与联系指出，韧性与可靠性是一对范畴，对可靠性的过分强调会损害系统从灾害事件打击中的恢复能力，进而影响人类社会系统韧性的建构，从而成为现代社会灾害风险管理领域的一大重要问题。[③]汉德默（Handmer）则从韧性制度构建的角度出发，将韧性响应的类型划分为抵抗与维护、边缘性微调、开放与适应等三类，较好地构建了全

① Li Xu, Dora Marinova and Xiumei Guo, "Resilience Thinking: A Renewed System Approach for Sustainability Science," *Sustainability Science*, Vol.10, No.1, pp.123—138, Oct. 2015.

② Carl Folke, "Resilience: the Emergence of A Perspective for Social-ecological Systems Analyses," *Global Environmental Change-Human and Policy Dimensions*, Vol.16, No.3, pp.253—267, Jul. 2006.

③ Peter Timmerman, "Vulnerability, Resilience and the Collapse of Society-A Review of Models and Possible Climatic Applications," *Environmental Monograph*, Toronto: Institute for Environmental Studies, Vol.1, p.42, Oct. 1981.

球环境变化韧性响应的总体框架。[①] 克莱因（Klein）探讨了沿海地区应对海平面上升威胁时的形态韧性、生态韧性和社会经济韧性，并从概念和实践两方面提出通过"有序撤退"提升海岸线沿线地区空间韧性。[②] 托宾（Tobin）则提出了以"环节—恢复—结构认知"三方面理论模型为一体的社区可持续性和韧性分析框架，指出要从结构性、认知性两个方面认识社区灾害防御的韧性。[③]

　　布鲁诺（Bruneau）则从空间基础设施的抗震韧性角度，将物理设施自身的结果特性、过程特性同技术韧性、组织韧性、社会韧性、经济韧性等四方面社区韧性相结合，构建了应对地震灾害的基础设施概念模型。[④] 在社会基础设施方面，一些学者通过对特定国别（如塞内加尔）中以种植者与牧民为主体的社会组织韧性进行比较分析，考察两类不同人群的韧性策略路径差异；[⑤] 还有学者以特定重大事件（如美国

① John W. Handemer and Stepen R. Dovers, "A Typology of Resilience: Rethinking Institutions for Sustainable Development," *Organization & Environment*, Vol.9, No.4, pp.482—511, Dec. 1996.

② Richard J. T. Klein, Marian J. Smit, Hasse Goosen and Cornelis H. Hulsbergen, "Resilience and Vulnerability: Coastal Dynamics or Dutch Dikes?" *Geographical Journal*, Vol. 164, No. 3, pp.259—268, Nov. 1998.

③ Graham A. Tobin, "Sustainability and Community Resilience: The Holy Grail of Hazards Planning?", *Global Environmental Change Part B: Environmental Hazards*, Vol. 1, No. 1, pp.13—25, Jan. 1999.

④ Michel Bruneau, Stephanie E. Chang and Ronard T. Eguchi et al., "A Framework to Quantitatively Assess and Enhance the Seismic Resilience of Communities", *Earthquake Spectra*, Vol.19, No.4, pp.733—752, Nov. 2003.

⑤ D. Bradley and Alan Grainger "Social Resilience as A Controlling Influence on Desertification in Senegal," *Land Degradation & Development*, Vol.15, No.5, pp.451—470. Jun. 2004.

"9·11"恐怖袭击）为背景，考察应急管理组织在调动资源、有效协调沟通、高效自组织等方面的组织韧性的构建，提出了一个包含"结构—功能—场所"在内的组织韧性框架。①

（三）城市与区域研究中的"韧性"理论

相较于灾害风险管理的瞬变冲击特征，城市与区域研究中的"韧性"理论同时还关注包括去工业化、社会政治变革等在内的"缓慢破坏"（slow burn）的影响，涉及的问题更为广泛。

城市与区域研究的韧性建构，不仅涉及突发灾害的防御，还涉及应对长期性危机的转变和重塑。奥特曼里（Ultramari）就将这种韧性看作"转变和重塑城市空间的能力"，并指出潜在且缓慢的长期破坏可能比短期直接的破坏更糟糕，进而造成不良后果不可逆转的累积。② 福斯特（Foster）则将区域韧性定义为一个地区预测、准备、应对干扰和从干扰中恢复的能力，其通过"评估—准备—响应—恢复"四阶段周期概念来刻画区域韧性，以评估和准备阶段为"准备韧性"，响应和恢复阶段为"品质韧性"，其构建了包括"计划韧性、短暂韧性、无效韧性、细微韧性"四种区域韧性类型的评估矩阵，以此探讨区域能力与韧性结果间的关系，并为区域培养和激活特定韧性能力的时间路径提供深刻见

---

① James M. Kendra and Tricia Wachtendorf, "Elements of Resilience After the World Trade Center Disaster: Reconstituting New York City's Emergency Operations Centre," *Disasters*, Vol.27, No.1, pp.37—53. Mar. 2003.

② Clovis Ultramari and Denes A. Rezende, "Urban Resilience and Slow Motion Disasters," *City & Time*, Vol.2, No.31, pp.47—64. Jan. 2007.

解。① 此外，克里斯托弗森（Christopherson）从文化政治经济学视角探讨了区域竞争力与韧性间的复杂联系，提出用多样性、分散性、相互性和模块性来刻画区域韧性。② 布里斯托（Bristow）和希利（Healy）还从演化经济学的角度将区域经济韧性理解为抵抗、恢复和更新的动态过程。③

　　上述探讨为空间韧性的理论构建打开了思路。近年来，空间韧性日益成为韧性理论的重要组成。2001 年，尼斯特罗姆（Nyström）和弗尔克（Folke）首次提出"空间韧性"的概念，指出空间韧性是促使受干扰后的系统发生重组并维持系统基本结构和功能的重要能力。④ 此后，学者们分别从空间重组的动力源、⑤ 空间系统内外组分和空间布局的相互作用 ⑥ 等方面开展对空间复杂系统的特征研究，初步建构起包含不对称性、连通性和信息交换基础等特征在内的空间韧性互动体系。

---

① Kathryn A. Foster, "A Case Study Approach to Understanding Regional Resilience," California Digital Library, Nov. 2007.

② Gillian Bristow, "Resilient Regions: Replaceing Regional Competitiveness," *Economy and Society*, Vol.3, No.1, pp.153—167, Cambridge Journal of Regions, Jan. 2010.

③ Gilian Bristow and Adrian Healy, "Regional Resilience: An Agency Perspective," *Regional Studies*, Vol.48, No.5, pp.923—935, Jun. 2014.

④ Magnus Nyström and Carl Folke, "Spatial Resilience of Coral Reefs", *Ecosystems*, Vol.4, No.5, pp.406—417, Aug. 2001.

⑤ Janne Bengtsson, Per Angelstam and Thomas Elmqvist, et al. "Reserves, Resilience and Dynamic Iandscapes", *AMBIO: A Journal of the Human Environment*, Vol. 32, No.6, pp.389—396, Sept. 2003.

⑥ Craige R. Allen, David G. Angeler and Graeme S. Cumming, et al., "Quantifying Spatial Resilience", *Journal of Applied Ecology*, Vol.53, No.3, pp.625—635, May. 2016.

综上所述，不同社会科学领域对"韧性"内涵的认识与发展各有侧重，但总体来看，相关"韧性"理论的探讨主要可归结到三个方面，即承受极端发展变化的控制能力、受到危害冲击后的恢复能力、转变和重塑社会空间发展的能力。这三大维度，为我们更好理解并发展空间韧性理论的内涵与外延，奠定了理论基础并提供了思想启示。

二、韧性理论应用于物理空间的逻辑

空间是承载人类社会经济活动的重要载体，在运行过程中往往需要应对各种干扰和不确定性。马克思曾指出"空间是一切生产和一切人类活动的要素"[①]。空间为人类活动和经济生产提供了载体，这也是物质生产得以顺利展开的前提。在原始文明时代、农业文明时代以及工业文明时代，以土地以及由土地上的房屋、道路等附着物构筑而成的物理空间是经济活动的重要空间。"土地本身又是这类一般的劳动资料，因为它给劳动者提供立足之地，给他的劳动过程提供活动场所"[②]。随着技术的不断进步，经济活动的物理边界即空间规模不断扩张。航船、铁路、航空等交通运输方式的发展，推动着经济活动空间向全球扩展，世界各地联系日益密切。

学者以韧性理论为基础探究了城市、区域、国家等应对各类外部风险以及环境变化的能力。譬如，部分学者提出"城市空间系统面临变化和扰动时，城市空间不同要素形成的系统稳健性、适应性、灵活性、多

---

① 马克思：《资本论》第 3 卷，人民出版社 2018 年版，第 875 页。
② 马克思：《资本论》第 1 卷，人民出版社 2018 年版，第 211 页。

样性、连通性等特征能够维持物理空间韧性系统既有恢复和适应的能力"①。部分学者将城市韧性划分为基础设施韧性、制度韧性、经济韧性和社会韧性，来分别反映城市空间"建成结构和设施脆弱性减轻、生命线工程畅通和城市社区应急反应能力""政府和非政府组织管治社会的引导能力""城市社会以经济多样性应对危机的能力""城市社会人口特征、组织结构以及人类资本的要素的集成对危机的防御能力"。②在国土空间方面，有学者将国土空间韧性界定为"社会生态—技术系统为应对动荡或冲击，适应气候变化，保持或恢复基本功能从而转换限制当前或未来空间演进能力的组件集合"③。可见，韧性理论在物理空间中的演绎逻辑，多是以社会生态系统为蓝本来考察其自组织、适应和学习能力。④人与自然、人与环境的互动关系，是考察物理空间的重塑与演化的主线，也是提炼空间韧性逻辑的主要对象。

韧性不仅在物理空间治理相关研究中有深刻体现，近年来也频繁见诸各类政策文件。在国际层面，2016年联合国住房与可持续发展大会通过的《新城市议程》将"加强韧性"列为城市规划、发展、治理的重要目标之一。2021年，我国在《中华人民共和国国民经济和社会发展

---

① 鲁钰雯、翟国方：《城市空间韧性理论及实践的研究进展与展望》，《上海城市规划》2022年第6期。

② 邵亦文、徐江：《城市韧性：基于国际文献综述的概念解析》，《国际城市规划》2015年第2期。

③ 杨选梅：《国土空间韧性：概念框架及实施路径》，《城市规划学刊》2021年第3期。

④ 刘志敏、修春亮、宋伟：《城市空间韧性研究进展》，《城市建筑》2018年第35期。

第十四个五年规划和 2035 年远景目标纲要》中明确提出"韧性城市"，"建设宜居、创新、智慧、绿色、人文、韧性城市"，在国家战略层面将"韧性城市"作为新型城市建设的重要内容。2021 年，北京发布《关于加快推进韧性城市建设的指导意见》，明确阐释了韧性城市的核心理念，即"韧性城市是具备在逆变环境中承受、适应和快速恢复能力的城市"，并提出"统筹拓展城市空间韧性""有效强化城市工程韧性""全面提升城市管理韧性""积极培育城市社会韧性"等多方面政策举措。[①]

综上所述，物理空间在不断发展的过程中亦会遭遇不确定性干扰或攻击，这就需要能够抵御各类风险的能力，这些能力之高低反映了物理空间的韧性之强弱。将物理空间的恢复、适应、创新等核心能力与统筹发展和安全的要求因地制宜加以结合，可以获得不同物理空间受到干扰后所需恢复能力、持续发展能力、适应能力等不同能力的组合。在物理空间韧性理论建构的过程中，我们可以发现，空间韧性还与资本发展相关，一方面，空间会不断调整自身韧性体系来适应资本积累的需要，另一方面，资本作为一种扰乱和解构社会关系的力量，对物理空间的稳健发展往往构成一定挑战。[②] 这更加需要我们从多学科融合的角度构建完

[①] 《中共北京市委办公厅　北京市人民政府办公厅印发〈关于加快推进韧性城市建设的指导意见〉的通知》，北京市人民政府网，https://www.beijing.gov.cn/zhengce/zhengcefagui/202111/t20211111_2534214.html，2021 年 11 月 11 日。

[②] Danny Mackinnon and Kate D. Derikson, "From Resilience to Resourcefulness A Critique of Resilience Policy and Activism," *Progress in Human Geography*, Vol.37, No.2, pp.253—270. Mar. 2013.

备的空间韧性技术体系，同时也需要加以制度规约，防止资本对社会空间韧性的破坏。

三、韧性理论拓展应用于数字空间的逻辑

伴随着数字经济时代的到来，人类社会经济活动空间逐步从物理空间延伸至数字空间，因此，数字空间的安全与发展对于当今社会经济活动的稳健运行尤为重要。德国社会学家乌尔里希·贝克（Ulrich Beck）提出："生产力在现代化进程中的指数式增长，使风险和潜在自我威胁的释放达到了前所未有的程度。"[①]毫无疑问，数字空间为经济活动开辟了新的空间场所，蕴藏着巨大的发展机遇。然而，不可忽视的是，数字空间在带来新发展机遇、促进生产力进一步跃迁的同时，也潜藏着风险和危机。网络攻击、数据泄露、空间争夺等问题层出不穷。未来，随着数字经济与实体经济的不断深度融合，数字空间面临的新问题和不可预料的风险将不断浮现。因此，将韧性理论应用于数字空间，从理论层面构建数字空间安全与发展的框架，对于统筹好数字空间安全与发展具有重要理论与实践指导意义。

（一）韧性应用于数字空间的基础：基于数字空间与物理空间共性

首先，物理空间是数字空间存在的基础，数字空间离不开物理空间的支撑。尽管数字空间在形态上是虚拟的连接，但在功能上却依托于物理空间。正如第一章所论述，从数字技术空间视角来看，数字空间由

---

① ［德］乌尔里希·贝克：《风险社会——新的现代性之路》，张文杰、何博闻译，译林出版社 2018 年版，第 2 页。

三个相互重叠的层次构成。因此，数字空间的三个层次对应三种安全需求：一是物理层的关键基础设施安全，二是核心层的数字安全与算法安全，三是虚拟层的空间运行和交互安全。其中，就数字基础设施来说，这一层面在物理空间中完全存在有形、有坐标的物理载体；就数据和算法来说，数据要素是源自于对物理空间中全部经济要素和经济活动的数字化重构，这一层面也依赖于物理空间中存在的各种要素。因此，韧性理论在物理空间中的演绎逻辑同样可以应用于数字空间。

其次，数字空间在本质上也是一种系统，无论是具有边界的物理空间还是无边界无实物形态的虚拟空间，其都强调要素协调性、功能稳定性、运转连续性、发展持续性。空间韧性是衡量这些特性的一个重要方面。与城市物理空间要提升其应对自然灾害、风险冲击的能力以及可持续发展能力相一致，数字空间的安全与发展，需要其在面对攻击、外部干扰时具备较强的抵御能力、恢复能力以及系统升级能力。因而，数字空间作为新的空间形态，既要保障空间系统的安全稳定运行，同时又要推进系统的持续演进发展，其稳定运行的内在逻辑和物理空间仍具有一致性。

综上，基于数字空间与物理空间共性来看，数字空间的安全与发展不能脱离传统物理空间安全的范畴，空间韧性理论也可相应地运用于数字空间。

（二）韧性应用于数字空间的拓展：基于数字空间特性

数字空间安全与发展区别于传统物理空间主要在于第二层核心层和

第三层应用层。

首先，数字空间及其核心要素数据和算法具有虚拟性（第二层核心层的安全与发展）。在工业经济时代，经济生产过程以有形生产要素投入为主，有形生产要素在地理位置中的聚合形成特定物理空间，如工厂、城市。因物理空间的实体性，城市或企业主体能够直接或者间接观察到有形要素的实际状态，这使其天然具备较强的要素控制能力。因此，物理空间韧性往往强调修复力和创新力，比如，城市在遭受自然灾害、外部轰炸破坏时能否抵御或快速修复。与物理空间的实体性不同，在数字空间中，一切要素都被转化为数据，并以数据形式存储在数字空间中。一方面，数据要素的流动比物理空间中有形要素流动更为容易、更为迅速，在数据信息瞬时聚合、传递促进经济发展的同时，也存在极易被泄露、窃取进而威胁国家、企业和个人安全的风险。另一方面，数据要素的虚拟性，使其泄露抑或流动状态是难以被直观观察的。因此，数字空间的安全与发展，不仅要强调修复力和创新力，还需要重视核心层要素的控制与聚合能力。

其次，数字空间具有跨越性、超越性等多重属性（第三层应用层的安全与发展）。从发展与安全的视角来看，跨越性和超越性是数字空间区别于物理空间最基本的特性。其中，跨越性既不是独立性，也不同于超越性，是指事物之间的联结性和交互性。即数字空间并非与现实物理空间割裂或者形成一个并列的虚拟空间，而是对物理空间的数字化复刻，构建出与物理空间一体两面、交互映射的数字空间。超越性是指数字空间寄身于物理空间中的数字基础设施，但又超越了物理空间，创造了新的生产、生活空间。数字空间打破了现实物理空间的时空局限，将社会生产生活延伸至非实物状态的虚拟数字空间，物质生产不再局限于具体实物产品的生产，各种虚拟的数据产品和数字生产关系也被纳入人类社会生产生活中。数字空间的跨越性和超越性使得数字空间超越了地理边界，与国家主权空间以及物理空间处于一种边界相互交错的态势，主体在一个空间中的行为，将对另一个空间造成影响。因此，数字空间安全与发展，既包括数字空间物理基础层面的安全，数据与算法等核心空间的安全，也包括物理空间与数字空间交互的安全。

综上，将空间韧性理论应用于数字空间，不仅要从单一物理空间或者虚拟空间层面进行分析，更要将韧性理论拓展至数字空间与物理空间交互的视角考虑其控制力、恢复力和创新力。基于数字空间与物理空间的共性与特性比较，本书认为数字空间的控制力、恢复力和创新力，构成了数字空间韧性从"发生"到"演变"再到"优化"的全链条内涵，并广泛渗透于数字空间的建设和发展过程中。

第三节　韧性视域下统筹数字空间发展和安全的理论分析

"韧性"这一概念为我们思考统筹发展和安全，将发展和安全两条主线置于一个框架中提供了启发性的思考。结合上述分析可知，韧性可被应用于数字空间。数字空间的控制力、恢复力和创新力，构成了数字空间韧性从"发生"到"演变"再到"优化"的全链条内涵。本节将基于数字空间韧性的基本建构，探讨统筹数字空间发展和安全的理论逻辑，并进一步从整体规划和具体制度两个层面探究统筹数字空间发展和安全的制度保障。

一、统筹数字空间发展和安全的理论逻辑：基于数字空间韧性的分析

根据前述数字空间与物理空间的比较，可以发现数字空间与物理空间本质和治理目标具有一致性，这将为韧性核心理念从物理空间治理的应用延伸至数字空间治理奠定基础，以数字空间韧性统筹数字空间发展和安全。与此同时，数字空间作为新的空间形态，其特点和结构与物理空间存在差异，这需要借鉴物理空间韧性概念的同时结合数字空间特征和结构进行拓展。

（一）数字空间韧性的提出与基本架构

数字空间本质上就是一个复杂的系统。沿袭物理空间中韧性的核心内涵，结合数字空间特征和结构对其进行拓展，本书将数字空间韧性界定为数字空间作为一个系统，应对各类风险挑战与适应未来数字时空发展变化所具备的能力。具体而言，数字空间韧性是以数字基础设施为底层架构、由数据和算法为核心、贯穿物理空间与数字空间的数字空间系统为有效应对各类风险挑战与适应未来数字时空发展变化所具备的控制力、恢复力和创新力，是一种复合能力的集合。

数字空间韧性的核心目标是在数字经济深化发展与风险交织中统筹数字空间发展和安全。数字空间韧性是一个"全链条"和"全系统"的防范和持续发展体系。从过程上看，数字空间韧性包括控制力、恢复力和创新力，建立起数字空间在面对风险冲击时"事前预防—事中响应—事后恢复和持续发展"的"全链条"防范和持续发展体系。从内容上看，数字空间韧性涵盖数字基础设施韧性、数据和算法韧性、数字空间与物理空间互动韧性，建立起"软件结合、多维一体"的"全系统"防范和持续发展体系。

具体而言，数字空间韧性能力的刻画也要充分结合数字空间系统中数字基础设施韧性、数据和算法韧性、数字空间和物理空间交互韧性等方面展开。对于物理空间而言，它是以物质环境和社会关系为基础，并进行物质环境和社会关系的再生产的载体，是各类社会构造物存在的物化。数字空间则是以数字基础设施（如计算机、宽带、传感器、存储器、5G 基站等硬件和网页浏览器、搜索程序、各类数字平台等软件）为底层、以数据和算法为核心，实现物理世界和虚拟世界交互的新空间系统。它应当因数字基础设施的基础条件变化、数据和算法导致的要素流动方式变化、数字空间和物理空间交互形式的变化，形成新的社会适应性和空间适应性模态。数字基础设施的广泛覆盖和互联互通实现了数据的共享、催生了数字经济的规模效应，是数字空间控制力、恢复力和创新力形成的基础条件；以算力为基础支持驱动算法迭代和数据处理，有益于释放数据要素的潜能，更好提升数据规模化生产、规模化处理、规模化应用的能力，是数字空间控制力、恢复力和创新力的支持条件；以数字空间与物理空间交互所形成的细分场景、新生场景，支持了数字产业化和产业数字化的协同推进，其对数字空间范围和结构的延展和优化是数字空间控制力、恢复力、创新力的发展条件。

　　值得强调的是，数字空间作为一个系统，不仅受内部结构即数字基础设施、数据和算法、数字空间与物理空间交互的控制力、恢复力和创新力的影响，还要考虑其作为一个系统所处的系统环境。数字空间的系统环境包括两个方面，一方面是其所处的既定的经济环境，是已经客观存在且无法改变的，只能与之相适应的环境；另一方面是指与之相关的制度环境。因前者无法改变只能适应，本书主要侧重制度保障的分析。

（二）数字空间控制力建构

　　数字空间的控制力是指对数字空间的掌控、管理、利用能力。所谓控制，是指"使战略制定与实施尊重客观规律、符合主客观情况、实现预期目标的过程"[1]。学者对于控制力内涵的界定往往结合预期目标提出，比如，在产业竞争力的控制力研究中，有学者将控制力定义为在开放竞争中抵御和抗衡国内外威胁，保障本国处于战略地位产业持续成长的能力，[2] 此处"控制"具有抵抗威胁和持续发展双重目标。有学者在要素控制能力中，将控制力界定为是指对资源的管理、利用能力，即控制要素以发挥其作用促进经济可持续发展的能力，[3] 此处"控制"强调

---

[1]　贺爱忠、聂元昆、彭星闾：《企业持续健康成长的一般规律：创新力与控制力的动态统一》，《东南大学学报（哲学社会科学版）》2006年第6期。

[2]　朱建民：《我国制造业竞争力的控制力现状与对策》，《经济纵横》2014年第3期。

[3]　王宝珠、王利云：《聚合与控制：实现乡村振兴的要素分析》，《贵州社会科学》2020年第5期。

利用水平、效率目标。数字空间控制力体现在对数字空间的掌控能力和管理、利用能力两大方面，前者关系数字空间的安全保障，后者关系数字空间的发展水平。

数字空间控制力的强弱取决于数字基础设施控制力、数据和算法控制力以及数字空间与物理空间互动控制力的强弱。生产要素是物质资料生产和再生产的基本元素，在不同经济时代，生产要素范围以及在生产活动中起着决定性的关键生产要素并不相同。与工业经济时代以机器设备为物质形态表现的资本为关键生产要素不同，数字经济时代的关键生产要素是数据。现实世界通过数字基础设施转换，以数据形式映射到数字空间中，以平台为中介的发生于物理空间和虚拟空间中的经济活动被算法捕捉，以数据形式记录、存储，并经过算法分析进一步赋能物理空间经济活动高效运行。一切接入数字基础设施的物的信息、个体信息、经济活动过程都被转化为数据，以数据符号存储、识别和传输。数字空间中的海量数据成为国家和企业进行信息提取和分析的关键资源。因而，对数字空间的核心要素资源数据的控制力、对支撑数据生产、收集、存储、分析的算法和数字基础设施的控制力，以及以数据为渠道进行数字空间与物理空间交互的控制力共同决定了数字空间的控制力。对数据和算法的控制力越强、对数字基础设施的控制力越强、对数字空间与物理空间交互控制力越强，则数字空间的控制力越强。

对数字基础设施、数据和算法以及数字空间与物理空间交互的控制力主要表现在对关键信息基础设施、大型数字平台企业、应用程序等方面的掌控能力和管理、利用水平。从数字基础设施控制力来看，数字基础设施控制力是对数字基础设施的掌控和管理、利用能力，具体表现在对关键信息基础设施的占有、监测、保护，对数字基础设施合理布局（如均衡布局、安全位置选择）等方面。如对关系公共通信、交通、能源、国防科技等领域的数字基础设施由本国占有、控制得越多，监测、保护力度越强，则越能保障数字基础设施免遭攻击。从数据和算法的控制力来看，数据和算法的控制力是指国家、数字企业等主体对数据和算法的掌控能力和管理、利用能力，表现为数据占有、数据跨境流动管理、数据开发利用等。如一个国家拥有世界排名前列的数字平台企业越多，则这个国家对全球数字资源掌控能力越强。从数字空间与物理空间互动的控制力来看，其是指虚实之间交融的掌控能力和管理、利用能力，移动终端、物联网、传感器等数字基础设施以及各类应用程序是虚实交互的衔接口，因此，数字空间与物理空间交互的控制力表现为对虚实交互所涉及的数字基础设施和软件应用程序的控制。

（三）数字空间恢复力建构

数字空间恢复力是指数字空间在受到自然灾害、突发事件或恶意攻击破坏后，能够及时修复使空间系统能够稳定运行的能力。"恢复"在《辞海》中解释为收复，亦用为恢复原状。"恢复力"在生态系统中用以表示"系统在外界压力消失的情况下逐步恢复的能力"[1]，与控制力强调

---

[1] 肖风劲、欧阳华：《生态系统健康及其评价指标和方法》，《自然资源学报》2002年第 2 期。

事前对风险的预防和事中对风险的应对相对，恢复力强调事后系统从不平衡状态恢复到平衡状态的能力。

数字空间遭到冲击后恢复稳定状态的快慢速度取决于数字基础设施恢复快慢、数据和算法恢复快慢以及数字空间与物理空间互动恢复的快慢。当前，数字空间面临的风险冲击涵盖数字基础设施、数据以及空间交互不同层次。2021年郑州因暴雨洪灾导致部分数字基础设施受损，光缆短路、部分服务器和基站受损、通信主备机房暂停服务，数字基础设施的破坏和暂停服务又进一步导致虚实交互无法畅通，移动支付无法进行、银行暂停服务……① 近些年，DDoS（分布式拒绝服务）攻击连续增加，并且随着直播的兴起，攻击目标向直播行业发起，通过 DDoS 攻击使直播平台用户掉线、播放卡顿。数字空间结构中任何一个层次出现问题，都将影响数字空间运行。数字空间的修复实际是数字空间具体结构中出现问题环节的修复。因而，数字空间恢复快慢取决于数字基础设施遭到风险冲击后的恢复速度的快慢、数据遭到劫持后修复的快慢、数字空间与物理空间互动遭到破坏中断后修复的快慢。

数字基础设施、数据和算法、数字空间与物理空间交互的恢复力主要表现在对硬件基础设施修复、重建，对软件应用程序漏洞修复，ICT产业链完整性构建等方面。从数字基础设施的恢复力来看，数字基础设施恢复力是指数字基础设施在遇到自然灾害或攻击破坏后的重建能力，

① 白瑜：《极端天气来袭，城市突然"断网"怎么办？》，半月谈网，https://baijiahao.baidu.com/s?id=1707298471656725048&wfr=spider&for=pc，2021 年 8 月 6 日。

表现在对硬件基础设施的修复、重建，对软件漏洞的修补。对硬件基础设施修复、重建越快，对软件漏洞修补越快，数字基础设施恢复正常运行的速度就越快。从数据和算法的修复力来看，数据和算法的修复力是指数据遭到劫持、勒索后，能够通过算法迅速对被黑客加密的文件数据进行解密恢复数据的能力，算法对劫持文件数据破解速度越快，则数据寻回速度越快，若始终无法破解，则只能通过赎金对劫持的文件数据进行赎回或丢失该部分数据。从数字空间与物理空间交互的恢复力来看，数字空间与物理空间交互控制力是指虚实交互遭到干扰中断后（如对应用程序攻击导致应用程序崩溃、对 ICT 产业链断供导致虚实交互所需网络搭建无法正常展开）恢复正常交互的能力，表现在对应用程序漏洞的修补、对 ICT 产业链完整性的构建。应用程序漏洞修补越快、ICT 产业链完整性越高，则数字空间与物理空间交互从中断恢复到正常交融速度越快。

（四）数字空间创新力建构

数字空间创新力是指数字空间内部要素不断升级变革适应未来数字时空创新发展所需的能力。人类已从工业经济时代进入数字经济时代，随着数字技术的持续性颠覆性创新和不断扩散，数字经济与实体经济将不断渗透融合。根据数字经济与实体经济的融合程度，可以将数字经济发展大致划分为平台化、智能化和完全数字化三个阶段，目前正处于平台化阶段。进一步发展走向智能化和完全数字化是数字经济未来发展的必然要求，与之相伴随，数字空间作为数字经济发展的空间条件必然需要不断演进升级为数字经济深度发展提供保障。

数字空间创新力的强弱取决于数字基础设施创新力强弱、数据和算法创新力强弱以及数字空间与物理空间互动创新力的强弱。创新是人类社会经济发展的动力，以机器和化石能源利用为标志的工业革命爆发推动着人类进入工业经济时代，促进生产力的极大提升，以新一代数字技术为核心的科技革命和产业变革推动着人类从工业经济时代进入数字经济时代。熊彼特（Schumpeter）将创新划分为产品创新、技术创新、市场创新、资源配置创新和组织创新五种形式。数字空间作为技术创新开发的产物，其创新能力离不开支撑数字空间结构要素的技术创新，即数字基础设施创新力、数据和算法创新力以及数字空间与物理空间交互创新力。数字基础设施创新力决定了数字空间底层技术创新水平，网络通信技术、传感器、芯片等数字基础设施的不断升级为构建规模庞大而稳定运行的数字空间提供了技术条件；采集数据的应用平台和算法的创新开发水平决定了数字空间对核心要素数据聚合和分析的创新水平；数字空间与物理空间交互的创新决定了数字空间应用层如数字场景创新再造、商业模式创新、生产过程创新优化的能力。数字基础设施的创新力越强、数据和算法的创新力越强、数字空间与物理空间互动的创新力越强，则数字空间创新力越强。

数字基础设施、数据和算法、数字空间与物理空间交互的创新力主要表现在数字基础设施技术创新和超前布局、算力提升和算法人才规模、支撑虚实交互的技术创新等方面。从数字基础设施创新力来看，数字基础设施创新力是指数字基础设施前沿领域技术创新和根据数字化深度发展趋势对相关领域数字基础设施进行超前布局的能力。如对移动通信技术的研发和基站布局，数字经济与实体经济的深度融合必然对网速、网络延迟、网络连接等基础层提出更高要求，移动通信技术从 4G 升级为 5G，再向 6G 升级，5G、6G 技术是未来数字化深化发展关键技术，相关领域研发能力越强、相关基站布局越多，则这一领域数字基础设施创新力越强。从数据和算法创新力来看，数据和算法创新力是指能够获取和聚合更多类型数据，且能高效应对规模不断扩张的数据处理需求。算力和算法则是数据聚合和处理的关键因素，因而数据和算法创新力主要体现在算力的提升和算法相关人才规模。算力越强，计算速度越快，则越能满足数字经济与实体经济深度融合的需求，推动经济发展。"算力每提升一个点，GDP 就能增长 1.8%。"[①] 算法人才越多，算法创新力越强，越能适应未来数字时空对算法不断升级的需求。从数字空间与物理空间交互的创新力来看，数字空间与物理空间交互创新力是产业数字化能力和数字产业化能力，前者体现在对物理空间的数据化重构能力，后者体现在农业、工业、服务业等不同领域与数字空间的深度融合能力。而这和相关支撑技术创新水平密切相关，数字空间与物理空间交互的进一步升级跃迁需要高速连接技术、全息显示技术、物联网基础等

---

① 唐巧燕：《算力"加速度"：每提升一个点，GDP 增长 1.8%》，南方新闻网，https://baijiahao.baidu.com/s?id=1755193547420040377&wfr=spider&for=pc，2023 年 1 月 16 日。

多项技术集合突破。

二、统筹数字空间发展和安全的制度保障：整体规划与具体制度

数字空间是数字经济时代世界各国竞争的重要领域，建设强大而有韧性的数字空间是未来数字时空发展的必然要求。从数字空间系统内部来看，数字空间韧性取决于技术条件即内在控制力、恢复力、创新力的建构。从数字空间系统外部来看，数字空间作为一个空间系统是在一定的宏观经济环境中运行，数字空间发展方向、所涉领域发展水平与宏观环境中国家相关战略布局和政策制度密切相关。世界各国在数字化浪潮中，不断加快数字立法，以制度加强数字空间治理和数字空间创新发展，增强数字空间韧性。

（一）整体规划层面

数字空间构建尤其是有韧性的数字空间构建是一个庞大、复杂的系统工程，且并非短期就可构建完成，而是需要长期的持续构建，这需要富有远见的顶层设计为数字空间构建指引方向、谋篇布局。

一方面，立足长远，在国内和国际上树立数字空间安全与发展同步推进理念。"理念是行动的先导，一定的发展实践都是由一定的发展理念来引领的。发展理念是否对头，从根本上决定着发展成效乃至成败。"① 数字空间如何发展则首先需要树立正确的理念。从时代趋势来看，数字经济已成为全球经济发展的重要引擎，2021 年，全球主要经

---

① 《习近平总书记系列重要讲话读本（2016 年版）》，学习出版社、人民出版社2016 年版，第 127 页。

济体数字经济占 GDP 比重高达 45%，数字经济增速高于同期 GDP 增速 2.5%。① 加快数字空间发展是未来数字经济进一步深化发展的必然要求，这既需要加强国家内部数字空间建设，同时也要加强全球数字空间建设，在相互利益联结的全球数字空间中以合作实现本国数字空间更有效的发展。加强数字空间治理、保障数字空间安全是数字经济有序发展的诉求。这既要筑牢国内数字空间安全，同时也要构建多边、民主、透明的全球数字治理框架，共同应对全球数字挑战和难题。因此，要以数字空间安全与发展同步推进理念引领国家数字空间相关战略的制定和制度建设，并将其贯穿到全球数字空间建设中。

另一方面，科学规划，按照整体设计与分类实施相结合制定制度体系。从数字空间结构来看，数字空间涉及数字基础设施、数据和算法、数字空间和物理空间互动多层次内容，不同层次又涉及多元主体。因而，数字空间发展和治理是一个庞大、复杂、涉及面广的课题。有韧性的数字空间构建必须从整体设计再到分类实施有序推进，既注重整体布局，又突出重点领域。首先，坚持系统思维和全局意识，围绕核心理念、顶层目标、基本原则等对数字空间进行整体设计。然后围绕数字空间中的数字基础设施、产业数字化、数据安全和保护、数据交易、新兴商业模式、数字领域国际合作等重要领域进行分类有序推进，形成纵横交织、多层覆盖的数字空间战略体系，为建构有韧性的数字空间提供制

---

① 中国信息通信研究院：《2022 中国数字经济发展白皮书》，http://www.caict.ac.cn/kxyj/qwfb/bps/202207/P020220729609949023295.pdf。

度保障。

（二）具体制度层面

从上述数字空间内在能力分析中可知，有韧性的数字空间需要底层数字基础设施、核心层数据和算法、应用层数字空间和物理空间互动 ① 共同发力。由于不同内容领域所面临的挑战和关注重点不同，因此，加强不同内容领域韧性能力需要在整体规划指引下，根据数字空间所涉不同领域所面临的具体问题和目标要求，进行有针对性的、精准的政策制定。

加强数字基础设施领域的规划和政策制定，构建安全可靠、泛在智联的数字基础设施制度体系。根据数字空间韧性对数字基础设施控制力、恢复力和创新力的要求，至少要加强以下三方面内容的制度建设以提升数字基础设施韧性。一是制定包含适度超前布局和空间均衡布局的数字基础设施规划。数字技术更新迭代快，这就要求数字基础设施要适度超前布局，为数字技术扩散以及数字技术渗透做好准备，避免数字基础设施建成时就已落后的局面。与此同时，数字空间具有全局性，未来数字时空中，数字空间覆盖领域广泛，不是某一地区、某一行业的数字化发展，而是全国全面的数字化转型，这要求数字基础设施均衡布局。二是制定整体推进信息基础设施、融合基础设施以及基础设施创新发展的创新政策。加强对关键数字基础设施自主创新力培养，解决数字技术

① 提升数字空间与物理空间互动能力归根结底仍是数字基础设施创新、数据安全防护、算法不断升级等领域内容，因此在具体制度分析中未再对其进行单独分析。

痛点，在创新中关注不同类型数字基础设施协同推进，确保 ICT 供应链安全。三是构建关于数字基础设施尤其是关键领域数字基础设施管理、防护体系。构建起物理空间和数字空间双重空间防护框架，形成包括识别、防护、监测、防御、处置等环节的安全风险闭环管理。

数据是数字空间中最基本的范畴，数字经济与实体经济深度融合是以数据生产、转化与运用为前提。根据数字空间韧性对数据安全和发展要求，至少要聚焦以下三方面加强数据相关领域的制度供给。一是明晰数据权属，加快数据确权。分散用户在数字平台上浏览、购买、观看视频、交通出行位置选择等活动痕迹被平台记录，形成原始数据。原始数据经由平台搜集、分析，转化为对经济活动决策有用的数据产品。深入数据要素的生产过程，发现其权利主体既涉及用户也涉及平台企业，那么，数据归谁所有？谁拥有管理、控制、使用数据的权利？这需要在制度层面明晰数据权属，规范数据管理和使用。二是培育数据要素交易市场，规范数据交易行为。三是对数据进行分类管理，实现数据安全与有效利用。对不同行业、不同类型数据（如用户数据、企业数据、国家政务数据、跨境数据等）制定相应分类管理政策，在筑牢数据安全保护屏障的同时，发挥数据要素对经济社会发展的驱动作用。

现实世界之所以能被数字化重构，数字空间之所以能够有序运行，正是有赖于算法设定。根据数字空间韧性对算法安全和发展要求，至少要从以下两方面加强算法领域相关制度建设。一是制定加强算法人才培养政策，为算法创新及优化提供人才保障。算法是同类型数字平台企业竞争的重要领域，算法的优劣直接影响到平台赋能经济社会效率的高低。算法竞争归根到底是创新人才竞争。这就需要加强相关人才培养，提升自主开发算法和不断优化算法的能力。二是加强算法监管管理，对不同类型算法进行分类管理。譬如，对于具有舆论导向的推荐服务型算法，要防止其被不法分子利用而错误引导群众的价值观等。

第三章

数字空间安全与发展的国际比较

党的二十大报告明确强调，要在推进国家安全体系和能力现代化进程中统筹传统安全和非传统安全，以新安全格局保障新发展格局。在数字化发展日益成为影响各国国际影响力和产业竞争力关键因素的今天，数字空间的安全与发展也成为世界各国激烈博弈的新领域。那么，当前数字大国的数字空间安全与发展现状如何？中国在全球数字空间竞争中处于什么位置？这些问题亟须探讨。本章将基于数字空间韧性的理论建构，构建以数字空间控制力、恢复力、创新力为主要构成的数字空间韧性指标，进而对数字大国空间安全与发展的现实情况、治理经验等进行国际比较，以期为我国更好推动数字经济与实体经济深度融合提供启示。

第一节　数字空间韧性的指标体系建构

良好的数字空间韧性应至少具备以下三方面特点。一是兼顾被动承受和主动预见，即在统筹发展和安全的过程中，既包含了面对各类数据信息监控、网络空间攻击等风险因素和安全冲击的技术性防御支持和制度性防御保障，又涵盖了包括提升算力、优化算法、改良数字基础设施、完善数字治理制度等在内的预见性安全保障措施，体现对数字空间的科学统筹。二是兼顾封闭保护和开放流通，即在发生安全冲击时，既能通过数字技术调度，以最大限度、最小范围、最短时间实现数字空间所涉及的关键数据、信息和核心利益的封闭保护，同时以高水平开放积极引入更多外部发展要素和安全要素，形成对旧有封闭数字空间的安全替代和新式开放数字空间的高水平发展转化，从而实现经济发展损失最小化与利益最大化的辩证统一。三是兼顾静态调度和动态发展，即能在遭受极端风险干扰的情况下，以控制力和恢复力为基础尽快恢复静态条件下数字空间中数据要素流通、数字技术保障的正常运行，更要以创新力为导向统筹数字空间发展环境和要素构成的变化，支持实现数字空间韧性的维护、发展、升级。这为我们考察全球主要国家高质量发展和高水平安全良性互动关系，实现数字空间在更高层面发展和安全的统筹，提供了有益参考。

一、指标体系建构

以控制力、恢复力、创新力三个维度作为指标构建原则，借鉴乔天宇等对国际数字生态指数测算体系的构建框架，本部分构建了以 3 个一级指标、8 个二级指标、20 个三级指标为主体内容的数字空间韧性指标。该指标体系如表 3-1 所示。

表 3-1　国际数字空间韧性的指标构建

一级指标	二级指标	三级指标
数字空间控制力	数字基础设施控制力	IPv6 根服务器的分布情况
		互联网接入用户增长率
		移动宽带活跃用户数增长率

一级指标	二级指标	三级指标
数字空间控制力	数据和算法控制力	数据市场规模
		数据开放程度
	数字空间和物理空间交互控制力	IT 安全治理得分
		身份管理得分
数字空间恢复力	数字基础设施恢复力	网络安全得分
		安全运营中心得分
		端点安全得分
	数据和算法恢复力	应用安全得分
		敏感数据管理得分
	数字空间和物理空间交互恢复力	设备与服务的可负担性
		3G 网络普惠性
数字空间创新力	数字化人才指标	数字科技人才规模
		数字化人才行业分布
		数字化人才技能结构
		数字化人才流动
	数字化创新指标	数字科技实力对比
		数字产品开发项目

二、具体指标说明

（一）数字空间的控制力

在数字空间韧性的控制力维度，根据数字空间在数字基础设施、数据和算法、数字空间和物理空间交互等三个主要方面的作用，分别建立三个有关控制力的二级指标。

1.数字基础设施控制力

数字基础设施既包含了超级计算机、传感器、5G 基站、网通通信技术等硬件设施，也包括网络技术等软件设施，是形成算力的物质基础。数字基础设施的控制力，与数字基础设施的建设规模、用户网络参与程度与接入程度息息相关。根据这一分析，这一指标下设置了包括IPv6 根服务器的分布情况、互联网接入用户增长率、移动宽带活跃用户数增长率在内的三个三级指标，以充分反映各国网信软硬件设施建设情况和用户规模情况。从理论上看，三者的数量规模越大，相应的数字基础设施控制力也就越强。

2. 数据和算法控制力

数据是数字空间的最小构成单位，而算法则是数据处理方式的优化。这一指标下设置了数据市场规模和数据开放程度两个三级指标，前者是数据控制力在量上的直接表现，后者则表现为以算法为主体的数字安全技术之于数据保护能力的衡量，两者均与控制力呈正相关关系。

3. 数字空间和物理空间交互控制力

数字空间和物理空间的交互控制能力，可以由 IT 安全治理得分、身份管理得分这两项三级指标加以刻画。这两项指标主要从企业系统监督、企业安全策略、个人或组织的身份提供、身份注销、身份保护、身份验证、身份访问权限、操作授权等方面对数字空间和物理空间交互过程中的管理敏感性加以衡量。一般而言，敏感性得分越高，表明数字空间与物理空间对用户或组织的权限管理、身份管理能力越强，体现出的数字空间和物理空间交互控制力越强。

（二）数字空间的恢复力

在数字空间韧性的恢复力维度，根据数字空间在数字基础设施、数据和算法、数字空间和物理空间交互等三个主要方面的作用，分别建立三个有关恢复力的二级指标。

1. 数字基础设施恢复力

数字基础设施的恢复力与其相关布局、功能发展等的持续优化密切相关，其中 IP 地址在与各类数字技术互联互通、规模化部署和应用中的作用不可忽视。这一指标下设网络安全得分、安全运营中心得分、端点安全得分等三个三级指标，以反映包括存储、传输、计算、网络、操作系统、数据库系统、大数据系统等在内的安全应对和恢复能力。

2. 数据和算法恢复力

实现数据的有序流通和算法的有力支持，关键看产业、看软件、看人才。因此，这一指标下设应用安全得分、敏感数据管理得分两个指标，以反映包括数据质量管理、处理管理、存储管理、交换管理以及包括软件开发、应用、共享等在内的安全管理能力。

3. 数字空间和物理空间交互恢复力

数字空间和物理空间交互恢复力与用户或组织接入网络的门槛和水平相关。因此，这一指标下设置了设备与服务的可负担性、3G 网络普惠性两个三级指标，以更好反映数字鸿沟给空间交互恢复力带来的影响。一般来说，当用户或组织接入网络的门槛越高，或其所享有的网络服务水平越低，其在应对安全攻击后的交互恢复能力也会因此受限。

（三）数字空间的创新力

创新力既是实现数字空间安全的保障，也是实现数字空间高质量发展的支持能力。在数字空间韧性的创新力维度，分别建立两个有关创新力的二级指标。①

1. 数字化人才指标

数字化人才是数字空间创新力的支柱。这一指标下设置了包括数字科技人才规模、数字化人才行业分布、数字化人才结构、数字化人才流动在内的四个三级指标，以充分反映数字化人才在发展数字空间创新力中的作用。其中，数字科技人才规模反映经济数字化转型的基础条件，数字化人才行业分布以从事 ICT 行业（含软件、IT 服务、计算机网络和硬件）人数比例来反映，数字化人才技能结构体现全球主要国家（地区）所拥有颠覆性数字技能及其产业渗透的情况，数字化人才流动则体现数字化人才在全球主要国家（地区）的流动情况。人才规模越大、人才拥有的颠覆性数字技能越多、人才净流入越多，数字空间创新力越强。

2. 数字化创新指标

数字技术的创新是数字空间创新力的另一大主要方面。这一指标下设置了数字科技实力和数字产品开发项目数等两个三级指标。前者通过数字专利授权数量占比、数字技术论文产出等维度来体现创新力带动的数字空间创新活力程度，而新数字产品开发相关情况则用于体

---

① 需要说明的是，由于实现数字基础设施、数据和算法、数字空间和物理空间交互等方面的创新力具有较多的共性条件，为更好刻画该部分指标，本部分按数字化人才、数字化创新两个二级指标维度进行划分。

现数字空间创新力带来的社会创新效益，进而体现创新成果转化效率。数字专利授权率越高、数字产品开发项目数越多，数字空间创新力越强。

第二节　数字空间韧性的国际比较（一）：技术支持条件

数字空间的控制力、恢复力和创新力（简称"三力"）是数字空间韧性的技术体现。在这里，我们将"三力"归纳为数字空间韧性的技术支持条件。从统筹发展和安全的角度来看，控制力是实现数字空间受到冲击时防御能力的集中体现，以数字基础设施、数据和算法的规模化运转使用为具体表现；恢复力是数字空间受到冲击后，基于数字基础设施、数据和算法、空间交互协调作用来实现其自我动态调整的能力；创新力是数字空间受到冲击后优化其自身防御功能、恢复效能、发展动能的能力。本节我们将选取全球主要国家（地区），对数字空间韧性进行国际比较。

一、数字空间控制力的国际比较

（一）数字基础设施的控制力

数字基础设施是新技术、新应用、新场景、新模式、新业态发展的重要载体和平台，是数字空间的底座。数字基础设施的控制力是数字空间控制力的重要构成部分。根据上述指标体系构建，此处从 IPv6 根服务器的分布情况、互联网接入用户增长率、移动宽带活跃用户数增长率在内的三个三级指标进行比较。

1. IPv6 根服务器的分布情况

随着 IPv4 地址资源的逐步枯竭，网络安全及网络服务质量的要求不断提升，IPv6 的发展成为了近年来反映各国各地区数字基础设施发展能力的一个重要维度。

从由下一代互联网国家工程中心牵头发起的"雪人计划"对 25 台 IPv6 根服务器架设情况统计（图 3-1）来看，中国拥有 4 台、美国拥有 3 台、日本拥有 1 台、英国拥有 0 台。在过去 13 台 IPv4 根服务器的分布中，美国以 9 台辅根服务器和 1 台主根服务器占据绝对信息优势。与之不同，从 IPv6 架设分布情况看，由美国主导控制的世界通信垄断格局正在被打破，取而代之的是更加多边、由更多国家共同治理的互联网体系，中国突破了过去根服务器完全受制于他国的困境，在新一代互联网发展中的网络通信自主控制能力快速增强。

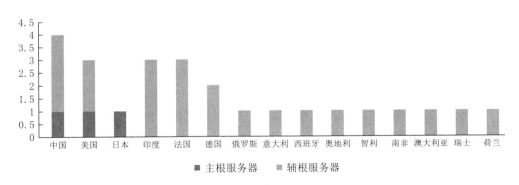

数据来源：http://www.cnic.cas.cn/kxcb/kpwz/202106/t20210629_6118884.html。

图 3-1 "雪人计划"IPv6 根服务器全球分布（单位：台）

根据 APNIC Labs 关于全球 IPv6 部署情况的统计数据，截至 2020 年 7 月，全球有 16 个国家或地区 IPv6 的支持能力超过 40%，23 个国家或地区超过30%。欧洲、美洲、亚洲、大洋洲的主要国家或地区综合部署率超过40%，但非洲整体低于5%。进一步分区域来看，亚太地区中东亚、南亚和东南亚的部署率分别达到21.21%、55.10%和18.49%，而西亚仅5.29%、中亚则只有0.01%；欧洲地区中，北欧和西欧的支持能力高达27.68%和43.11%，而东欧和南欧仅为9%和8.58%，反映出洲际和洲内基础设施差异仍然较大。

从IPv6综合部署率的国别角度（图3-2）来看，2021年，以德国为代表的西欧国家和以印度为代表的南亚国家以63.47%和63.40%的综合部署率分列全球主要国家IPv6综合部署率前二，法国、巴西、美国次之。这与洲际分布结果基本相符。中国虽然以27.93%的比例暂时处于靠后位置，但我国已在2017年11月《推进互联网协议第六版

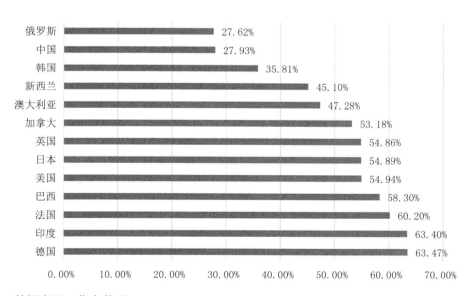

数据来源：作者整理。

图3-2 2021年全球主要国家IPv6综合部署率

（IPv6）规模部署行动计划》中明确提出"用五至十年时间，形成下一代互联网自主技术体系和产业生态，建成全球最大规模的 IPv6 商业应用网络"的目标，IPv6 的综合部署率指标有望迎来快速增长。

2. 互联网接入用户增长率

互联网接入用户增长率越高，则反映相关国家或地区的互联网普及率越高，进一步说明数字基础设施控制能力越强。根据国际电信联盟（ITU）2006—2022 年互联网接入用户数增长率的数据（表 3-2）显示，非洲地区的互联网接入用户的平均增长率为全球最快且持续两位数高速增长。阿拉伯国家、亚太地区增幅靠前，一定程度上反映出上述地区数据基础设施建设快速发展。新冠疫情暴发，一定程度上催化了各洲各地区信息化数字化进程的进一步发展。作为发展中国家、欠发达国家所在的主要地区，上述各洲各地区互联网接入用户数的增长有助于增强发展中国家、欠发达国家的数字网络接入能力。但需要指出的是，截至2022 年，国际电信联盟报告仍有 27 亿人未接入互联网，占全球人口三分之一。因此，互联网接入用户增长率较快的地区的数字基础设施控制力仍然同发达国家存在较大差距。

表 3-2 2006—2022 年全球互联网接入用户增长率（单位：%）

地区 / 年份	非洲	美洲	阿拉伯国家	亚太地区	独联体国家	欧洲
2006 年	32.0	9.4	26.8	14.5	29.1	8.1
2007 年	24.2	11.3	38.6	26.6	33.9	13.6
2008 年	19.5	4.6	26.2	21.3	30.2	8.6

续表

地区 年份	非洲	美洲	阿拉伯国家	亚太地区	独联体国家	欧洲
2009 年	21.2	5.5	18.1	17.7	34.2	6.3
2010 年	45.0	6.5	17.3	19.7	20.6	6.4
2011 年	28.7	5.9	13.3	12.9	20.9	2.8
2012 年	25.7	8.9	13.9	9.5	15.6	4.2
2013 年	24.8	2.7	12.3	9.2	6.1	3.5
2014 年	23.0	4.9	13.1	7.8	6.8	3.6
2015 年	22.9	8.2	12.2	8.3	3.0	1.7
2016 年	17.9	10.1	10.2	9.3	6.3	3.3
2017 年	18.0	6.4	15.0	7.3	4.7	3.0
2018 年	16.5	4.2	8.4	11.2	7.8	4.4
2019 年	16.9	3.3	13.7	15.3	4.8	2.6
2020 年	17.9	5.5	13.5	16.6	3.5	3.1
2021 年	13.8	2.5	8.6	6.7	3.6	3.1
2022 年	15.6	3.2	8.8	7.6	3.3	3.1

数据来源：国际电信联盟（ITU）。

3. 移动宽带活跃用户数增长率

移动互联网也是数字基础设施中的一项重要组成。根据国际电信联盟的统计数据（表 3-3）显示，在 2014 年，全世界近四分之一人口无法接入移动宽带网络，而到 2020 年底全球互联网用户达到约 40 亿人，仅有 6% 人口未被覆盖。但同时，低收入国家和中等收入国家仍然是世界无网络连接人口的主要组成部分，占比高达 93%。这意味着在这些国家中，仍有近 4.2 亿人无移动宽带连接，凸显全球洲际间、区域间数字基础设施的发展和控制能力的明显差异。

表 3-3　2006—2022 年全球移动宽带活跃用户数增长率（单位：%）

年份＼地区	非洲	美洲	阿拉伯国家	亚太地区	独联体国家	欧洲
2006	47.7%	20.3%	48.4%	28.8%	30.9%	13.8%
2007	35.3%	17.5%	38.7%	30.2%	18.5%	11.2%
2008	41.2%	14.2%	22.6%	26.8%	21.3%	4.9%
2009	21.2%	9.2%	23.9%	22.1%	17.0%	−0.1%
2010	22.7%	8.8%	18.5%	21.3%	7.2%	−1.3%
2011	20.5%	8.1%	12.7%	15.4%	−5.9%	3.0%
2012	15.6%	4.5%	8.4%	6.8%	2.0%	2.2%
2013	13.9%	4.8%	6.8%	7.1%	4.4%	1.7%
2014	10.8%	4.8%	1.8%	6.3%	1.3%	−0.5%
2015	11.0%	0.9%	1.0%	2.7%	0.5%	0.0%
2016	0.0%	1.0%	−0.4%	8.4%	1.1%	−0.1%
2017	1.5%	−0.9%	−0.2%	5.8%	0.7%	0.5%
2018	8.0%	1.8%	−0.2%	3.8%	0.5%	−0.3%
2019	6.7%	−6.6%	1.0%	4.6%	6.3%	0.5%
2020	7.1%	−0.4%	0.8%	0.0%	−0.7%	−0.3%
2021	2.0%	4.6%	−0.2%	1.5%	2.9%	1.6%
2022	8.0%	2.4%	5.1%	1.4%	0.1%	0.9%

数据来源：国际电信联盟（ITU）。

（二）数据与算法的控制力

1. 数据市场规模

数据市场规模的大小是一国数据与算法控制力最直接的体现。On Audience 的报告（表 3-4）显示，2017—2021 年全球数据市场规模持续扩大，2021 年已达 523 亿美元，已是 2017 年 189 亿美元的 276.7%。按国家或地区来看，美国、欧盟、中国分别为全球前三大数据市场，2021

年数据规模分别为 306 亿美元、76 亿美元和 73 亿美元。

庞大的数据市场规模需要强大的数据处理能力作为支撑。Statista 的统计数据显示，在数据处理能力方面，全球大数据中心主要集中在美国、中国和日本。美国以 39% 的大数据中心数量占据主导地位，中国占比为 10%，日本为 6%。与此同时，中国大数据中心的建设发展增速还在快速提高，由 2017 年的 7% 增长率上升至 10%，这表明我国大数据产业发展的潜力巨大，数据市场的开拓挖掘仍有很大发展空间。

表 3-4　2017—2021 年中国、美国、欧盟数据市场规模对比

国家（地区） 年份	中 国		美 国		欧 盟	
	市场规模	同比增速	市场规模	同比增速	市场规模	同比增速
2017	17	—	123	—	28	—
2018	28	58.5%	166	35.3%	41	46.9%
2019	41	47.2%	212	27.6%	53	30%
2020	54	32.3%	247	16.2%	63	18.1%
2021	73	35.1%	306	24.1%	76	22.1%

注：数据市场规模单位为亿美元。

数据来源：On Audience.com。

2. 数据开放程度

数据开放程度是数据与算法控制能力稳健性的具体表现。World Wide Web Foundation 从数据开放意愿、开放执行程度、开放影响力三个维度对全球主要国家或地区数据开放程度的测算排名（表 3-5）显示，英国、加拿大、法国、美国、韩国等位于全球数据开放程度前五，欧洲、北美洲、日韩等传统发达国家排名居前，一定程度上体现出这些国

家在数字空间建设方面具有更为成熟的发展经验。以美国为例，2009年起其陆续颁布出台了《透明和开放的政府》《开放政府令》《电子化政府执行策略》等政策法规，成为全球首个推广开放政府数据的国家。此后的 2013 年 6 月，法国、美国、英国、德国、日本、意大利、加拿大和俄罗斯八国集团首脑在北爱尔兰峰会上签署《开放数据宪章》，数据开放逐渐成为一种共同趋势。

我国虽仍处于数据开放的初级阶段，但国家公共数据开放平台规划建设的推进，使得我国数据开放体系建设也进入黄金时期。2015 年，国务院出台《促进大数据发展行动纲要》（国发〔2015〕50 号）。此后，全国数据开放呈现爆发式增长。截至目前，全国已有上海、北京、湛江、无锡等 90 余座城市建设数据开放平台，[1] 数据开放生态体系初步建立。

表 3-5　2017 年全球数据开放程度前十国家得分情况

排名	国家	开放意愿得分	开放执行得分	开放影响得分	综合得分
1	英国	99	100	94	100
2	加拿大	96	87	82	90
3	法国	100	71	88	85
4	美国	96	71	80	82
5	韩国	95	59	100	81
5	澳大利亚	85	78	78	81
7	新西兰	92	58	99	79

---

[1]　张峰：《政府数据开放与创新发展实践》，国家信息中心、国家电子政务外网管理中心，http://www.sic.gov.cn/News/612/10423.htm，2020 年 2 月 28 日。

排名	国家	开放意愿得分	开放执行得分	开放影响得分	综合得分
8	日本	84	60	89	75
8	荷兰	94	64	68	75
10	挪威	77	71	73	74

数据来源：The World Wide Web Foundation. Open Data Barometer 4th Edition-Global Report (2017)。

（三）数字空间与物理空间交互的控制力

实现数字空间与物理空间的安全交互需要从物和人两方面入手，一是要实现 IT 系统的权限访问安全，二是要实现数字身份管理安全，因此，IT 安全治理得分和身份管理安全得分，成为刻画数字空间与物理空间交互控制力的两个重要指标。

1. IT 安全治理维度

IT 安全治理包含了包括企业系统监督、安全策略等在内的实现企业或组织 IT 系统安全的系列措施，其目标在于确保企业或组织安全风险的充分释放，并确保相关企业或组织符合所在国家或地区的法律法规。这对于实现数字空间与物理空间的稳健交互十分重要。全球主要国家 IT 安全治理维度得分（图 3-3）显示，克罗地亚以 2.85 分居于首位，其次是德国（2.46 分）、以色列（2.36 分）。澳大利亚、西班牙、日本等国家排位靠后。这其中，"全局安全更新策略不足"（28%）"高风险维护程序漏洞"（17%）和"企业网络分割策略不足"（17%）是妨碍 IT 安全的前三大原因。可以发现，欧洲主要国家大多形成了较为成熟的安全治理框架，以 GDPR 为代表的自上而下的网络安全法规、监管体系、治理模式成为体现欧洲多数国家和地区网络安全成熟度的重要方面。

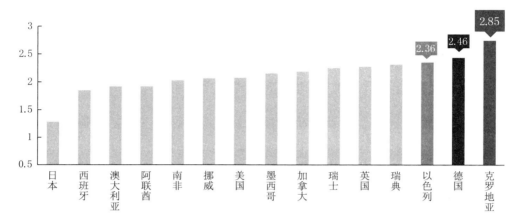

图片来源：Freebuf，《2023 网络安全成熟度报告》，https://www.freebuf.com/articles/paper/364015.html。

图 3-3　全球主要国家 IT 安全治理维度得分情况（2020—2022 年）

2. 身份管理维度

身份管理是攻击者在网络攻击中最常利用的手段。它包含了身份提供、身份注销、身份保护、身份验证、身份访问权限以及部分操作授权等内容，主要目标就在于让给定的身份可以正确地访问对应的网络资源。因此，身份管理维度在用户层面建立了数字空间和物理空间之间的交互联系。

按国别来看身份管理维度的安全得分（图 3-4），日本（4.00 分）在这一方面居于第一，挪威（3.55 分）、克罗地亚（2.50 分）分别居于第二、第三位。第四至第十位分别是以色列、瑞士、澳大利亚、瑞典、西班牙、美国、墨西哥。弱密码（32%）、弱身份验证机制（23%）、允许

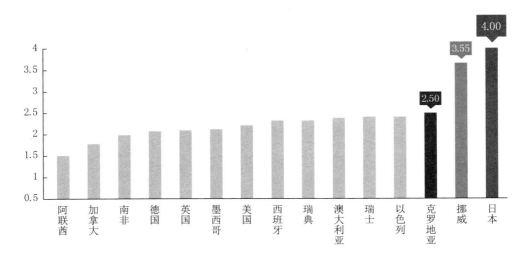

图片来源：Freebuf，《2023 网络安全成熟度报告》，https://www.freebuf.com/articles/paper/364015.html。

图 3-4　全球主要国家身份管理维度得分情况（2020—2022 年）

访问包含敏感信息（9%）是身份管理中最常见的三大风险点。

二、数字空间恢复力的国际比较 [①]

经济数字化快速发展的另一面，就是数字空间面临的安全攻击风险正在持续扩大，特别是针对企业的勒索攻击、APT 攻击、数据泄露等安全事件日益增多，网络攻击方式趋于复杂化和利益化。这就对数字空间中数字基础设施、数据和算法、数字空间和物理空间交互等方面的恢复力提出了更高要求。这一能力在威胁情报和网络安全行业中的体现最为明显。我国自 2015 年威胁情报正式进入国内市场以来，已经初步形成了包括网络安全领航企业（如 360、奇安信、绿盟科技等）、互联网企

[①]　本部分主要数据来源自《2023 网络安全成熟度报告：弱密码依旧排名第一》，Freebuf，https://www.freebuf.com/articles/paper/364015.html，2023 年 4 月 18 日。

业（如阿里、腾讯等）、威胁情报初创企业（如微步在线、天际友盟等）在内的多元化市场参与主体，以及涵盖数据交付模式、产品交付模式、服务交付模式等在内的主流产品形态。2021年，我国威胁情报市场规模约在10.69亿元，初步建立了以政企合作、平行机构共享、开源社区为主要构成的威胁共享机制。① 在海外，一项涵盖150个国家、数据跨度超过2年、涉及7个安全领域的全球网络安全成熟度评估报告（图3-5）指出，在2020—2022年期间，挪威（2.74分）、克罗地亚（2.69分）、日本（2.39分）位列网络安全成熟度前三位，第三至第十位分别是瑞士、以色列、加拿大、瑞典、澳大利亚、美国、南非。这其中，挪威于2003年制定了全球首个国家网络安全战略，并于2007年和2012

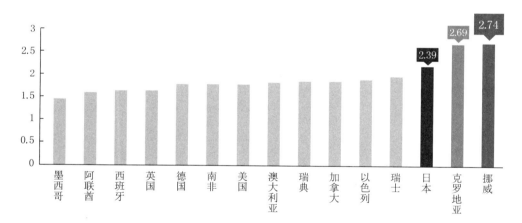

图片来源：Freebuf，《2023网络安全成熟度报告》，https://www.freebuf.com/articles/paper/364015.html。

图3-5　全球主要国家网络安全成熟度综合得分情况（2020—2022年）

---

① 《网络安全威胁情报行业发展报告（2021年）》，国家工业信息安全发展研究中心，https://www.csreviews.cn/?p=3649，2021年12月15日。

年进行修订，使得其在网络安全风险量化和成熟度战略规划方面展现出独特优势，而美国、英国、德国等发达国家，尽管具有更为雄厚的财政支持，但这些支持措施并没有完全转化为成熟的网络安全标准和安全发展规划，使其在数字空间恢复力层面并不占优。以下就数字基础设施、数据和算法、数字空间和物理空间交互三方面的恢复力对此进行具体阐述。

（一）数字基础设施的恢复力

在保护企业网络和数据免受破坏、入侵和其他网络攻击威胁方面，数字基础设施发挥了重要的基础作用。刻画数字基础设施的恢复力，可以从网络安全、安全运营中心、端点安全三个维度加以评估和考察。

1. 网络安全维度

网络安全包含访问控制、防病毒软件、应用程序安全、网络分析、防火墙安全、VPN 安全、Web 安全等多重维度，涵盖了包括硬件和软件解决方案、"网络使用—网络访问—威胁防护"在内的配置设置，是刻画数字基础设施恢复力的重要方面。全球主要国家网络安全维度的得分（图 3-6）显示，欧洲国家在这一排名中整体靠前，克罗地亚以 2.70 分居于第一，瑞士（2.46 分）、挪威（2.33 分）居于第二、第三位，第四位至第十位分别为以色列、德国、美国、英国、瑞典、南非、西班牙等国，墨西哥排名最低。以墨西哥为例，其金融部门中只有 54% 的公司使用包括 VPN、NAC、ISE 等在内的网络安全工具，仅 33% 的公司使用加密控制工具，因而墨西哥金融系统的网络安全状况在全球主要国家和地区中处于落后位置。

图片来源：Freebuf，《2023 网络安全成熟度报告》，https://www.freebuf.com/articles/paper/364015.html。

图 3-6　全球主要国家网络安全维度得分情况（2020—2022 年）

2. 安全运营中心（SOC）维度

安全运营中心是一个容纳信息安全团队的设施，以持续监控和分析各类组织的安全态势，从而正确识别、分析、防御、调查和报告潜在安全事件，及时响应网络、服务器、数据库、应用程序等系统上的攻击活动，反映了数字基础设施中技术、人员和过程的结合与改进能力。全球主要国家安全运营中心维度的得分（图 3-7）显示，克罗地亚（3.05 分）居于第一，加拿大（2.70 分）、以色列（2.15 分）分列二、三位，第四位至第十位分别是瑞典、南非、阿联酋、瑞士、英国、美国、德国。

需要指出的是，克罗地亚的领先地位与 2022 年俄乌冲突的安全应对存在潜在关联。2020 年，美国在萨格勒布建立了一个全新的网络安全运营中心和一个移动网络事件响应小组；2022 年，美国网络司令部在

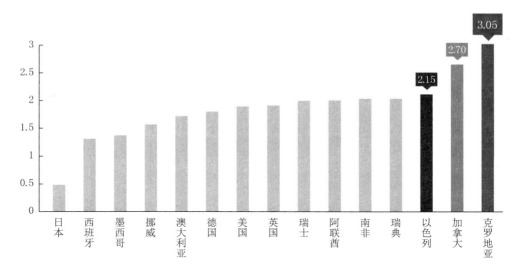

图 3-7　全球主要国家安全运营中心维度得分情况（2020—2022 年）

克罗地亚部署了一支精英防御网络运营商团队，以应对合作伙伴网络中
恶意的攻击活动。这在一定程度上提高了克罗地亚的安全运营中心建设
和运行能力。

3. 端点安全维度

端点安全是指为解决服务器、工作站、笔记本电脑、移动设备等网
络端点安全威胁所采取的安全措施。全球主要国家端点安全维度的得
分（图 3-8）显示，挪威（3.08 分）居于第一，日本（3.00 分）、德国
（2.53 分）分列二、三位，第四位至第十位分别是瑞士、西班牙、阿联
酋、克罗地亚、英国、以色列、美国。

在以上列举的这些国家中，挪威的数字防御支出增长较多，特别是
在俄乌发生冲突后，挪威出于应对因对乌军事和贸易支持所导致的网络

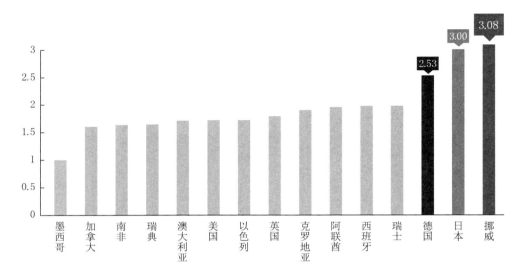

图片来源：Freebuf，《2023 网络安全成熟度报告》，https://www.freebuf.com/
articles/paper/364015.html。

图 3-8　全球主要国家端点安全维度得分情况（2020—2022 年）

安全威胁，进一步增加了该领域的财政投入以保护该国关键信息基础设
施不受敌对国家的网络攻击。

（二）数据与算法的恢复力

数字空间的发展以数据的安全生产、转化与运用为前提。这需要算
法的支持来防止应用中的代码、敏感数据等被劫持和获取，从而有助于
我们从应用安全和敏感数据管理两个维度来比较各国各地区数字空间数
据与算法的恢复力情况。

1. 应用安全维度

应用安全涉及应用开发、设计阶段，以及应用部署后的保护措施，
可以反映应用在开发流程中加入、测试安全功能的实际情况。全球主要
国家应用安全维度的得分（图 3-9）显示，日本以 4.00 分居于首位，其

次是瑞典（3.28 分）、南非（3.01 分）、加拿大（3.00 分）。技术信息泄露（21%）、缺乏严格的 HTTP 传输协议（17%）、缺失 HTTP 安全响应头（15%）是制约应用安全的前三大问题。值得注意的是，尽管《欧盟通用数据保护条例》（GDPR）在开展个人数据处理活动和个人数据权利分发等方面采取了最严格的保障措施，但包括英国、西班牙、德国等在内的众多西欧国家在应用安全方面仍存在较大隐患，得分均在 2.5 分以下。

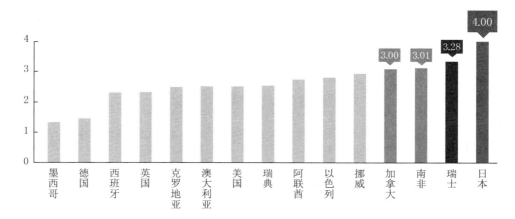

图片来源：Freebuf，《2023 网络安全成熟度报告》，https://www.freebuf.com/articles/paper/364015.html。

图 3-9 全球主要国家应用安全维度得分情况（2020—2022 年）

2. 敏感数据管理维度

敏感数据是指个人、组织不希望公开的，涉及隐私或核心利益的信息，如个人信用卡记录、医疗记录等。对敏感数据的管理，需要通过硬件和软件所共同构成的复杂数字空间生态加以维护，因而也是体现数据和算法的恢复能力的一个重要维度。全球主要国家敏感数据管理维度得分（图 3-10）显示，挪威以 3.37 分居于首位，其次是克罗地亚（2.95分）、加拿大（2.85 分），瑞典、英国、阿联酋等主要国家排位靠后。值得注意的是，多数欧洲国家在这一维度的评分较低。尽管《欧盟通用数据保护条例》（GDPR）等相关法律法规约束较为严格，但相应的数据库、网站、应用程序、其他系统等网络安全水平尚未达到 GDPR 法规的标准。

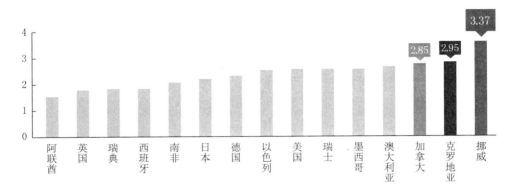

图片来源：Freebuf，《2023 网络安全成熟度报告》，https://www.freebuf.com/articles/paper/364015.html。

图 3-10　全球主要国家敏感数据管理维度得分情况（2020—2022 年）

（三）数字空间与物理空间交互的恢复力

"实现普遍和有意义的数字连接"是提升数字空间与物理空间交互恢复能力，建立并发展数字空间与物理空间内在韧性的重要方面。数字空间与物理空间交互的恢复力提升，对于更好把握现实经济活动中数字化与产业化的良性互动关系，推动数字经济与实体经济深度融合具有重要意义。

1. 设备与服务的可负担性

设备与服务费用的可负担性，是用户接入网络和使用网络的最直观体现。根据联合国宽带促进可持续发展委员会提出的 2025 年具体目标，发展中国家的入门级宽带服务成本不应超过人均月国民总收入的 2%，但 2022 年大部分发展中国家的平均水平仍高于 2% 的目标阈值。在国际电信联盟统计的全球 66 个主要国家中，结果如图 3-11 所示，32 个国家的移动宽带服务成本达到或超过了其人均国民收入 2% 的门槛值，而对于低收入经济体的普通消费者，他们在基本移动数据方面的平均花费占其平均收入的 9%，仍显著高于发达国家 0.4% 左右的水平。可见，对于欠发达的国家或地区而言，数字服务的过高成本成为了其数字空间难以发展、数实融合难以深度推进的一大阻碍。

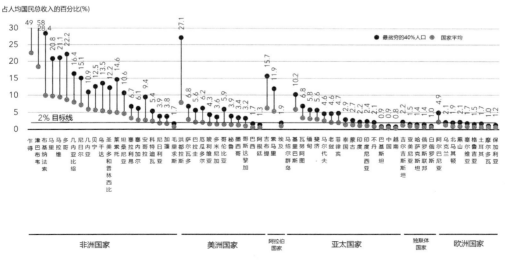

数据来源：ITU, The Affordability of ICT Services 2022。

图 3-11　2022 年全球主要国家移动宽带成本人均收入及收入后 40% 人群负担情况

2. 3G 网络普惠性

3G 网络是第一代可以提供移动宽带多媒体业务的移动通信技

术。作为一项成熟的高速数据业务，3G 网络的普惠发展是构建数字空间与物理空间在声音、图像、视频等方面交互的基础。国际电信联盟的统计数据（表 3-6）显示，2015—2022 年全球 3G 网络在发展中国家和欠发达地区的普及程度明显上升，近两年的平均覆盖水平已与欧美发达国家的覆盖水平基本持平，非洲地区普及率相对落后，但差距明显缩小。值得注意的是，发展中国家 3G 网络的城乡数字差距仍然明显，尤其是在非洲、美洲和独联体国家内，城镇与农村之间的 3G 网络覆盖率相差超过 10%，而在联合国界定的最不发达国家（LDC）范围内，城市居民使用互联网的可能性（47%）是生活在农村地区的人的近 4 倍（13%）。可见，收入差距、城乡差距仍是制约数字技术普惠式发展、数字空间与物理空间深度发展融合的重要因素。

表 3-6　全球 3G 网络覆盖率数据（单位：%）

地区 年份	非洲			美洲			阿拉伯国家		
	总体	城市	农村	总体	城市	农村	总体	城市	农村
2015	51.3	86.1	29.7	91.3	97.8	65.1	74.6	92.5	53.5
2016	59.1	92.8	37.4	92.8	98.5	69.5	83.3	97.9	63.3
2017	64.2	94.1	42	94	99.2	72	86.9	98.3	71.2
2018	71.8	95.6	53.1	94.3	99.4	72.5	90.1	99.4	76.2
2019	74.3	96.9	59.1	94.5	99.4	73	91.2	99.4	77.5
2020	75.6	96.9	60.4	94.6	98.2	72.2	92.8	99.4	83.3
2021	78.4	97.9	64.2	94.7	99.7	72.1	94.4	99.4	87.1
2022	82.4	98	71.1	95	99.8	73.5	96.4	99.4	92.1

地区 年份	亚太地区			独联体国家			欧洲		
	总体	城市	农村	总体	城市	农村	总体	城市	农村
2015	79.6	98.6	62.9	70.1	97.5	17.6	94.3	97.1	86.3
2016	86.8	98.6	76.3	74.2	98.9	26.9	98	100	92.1
2017	90.9	99.2	83.3	79.9	100	41.4	98.2	100	92.8
2018	93.9	99.2	88.9	81	100	44.5	98.3	100	93.3
2019	95.7	99.5	92.5	87.8	100	64.1	98.7	100	93.5
2020	95.9	99.6	92.7	89.9	100	70.4	98.7	100	94.9
2021	96	99.3	92.8	95.2	100	86	99	100	96.1
2022	96.9	99.3	94.5	96.6	100	89.9	99.6	100	98.2

数据来源：国际电信联盟（ITU），作者整理。

三、数字空间创新力的国际比较

（一）数字化人才指标

伴随经济数字化转型的深入推进，各国各行业对数字技能人才需求急剧增长，数字化人才规模、结构、流动等因素日益成为影响数字经济发展，特别是数实深度融合的关键因素。

1. 数字科技人才规模

2022年，全球数字科技人才总量为77.5万人。按全球数字科技和高层次人才数量的排名前十的国家（表3-7）来看，中国占比17%居于第一，是美国的1.5倍、日本的8.3倍，但在H指数20以上的高层次人才数量上，我国这一群体的数量仅为美国的约34.5%，凸显出我国仍需在人才结构上发力，以实现数字空间创新力提升。

表 3-7　截至 2021 年底全球数字科技人才数量和高层次人才数量前十国家

序号	国家	全球数字科技人才数量	序号	国家	H 指数 20 以上人才数量
1	中国	127529	1	美国	20724
2	美国	84239	2	中国	7146
3	日本	15364	3	英国	3520
4	英国	14384	4	日本	3492
5	德国	12767	5	德国	3325
6	加拿大	9325	6	意大利	2374
7	法国	7664	7	加拿大	2219
8	意大利	7583	8	法国	2084
9	印度	6836	9	印度	1286
10	澳大利亚	5422	10	荷兰	1212

数据来源：AMiner 科技情报平台。

在数字科技人才和高层次人才来源方面（表 3-8），中国、美国、法国、英国、俄罗斯的人才机构在人才储备数量上位列前十，但在高层次人才来源机构方面，美国的谷歌、微软两家大型企业的高层次人才储备数量排名位列全球第二和第四，展现出美国在产学研融合发展数字经济方面具有显著优势。

表 3-8　全球数字科技人才和高层次人才数量前十强机构

序号	国家	机构名称	人才储备数	序号	国家	机构名称	高层次人才储备数
1	中国	中国科学院	4722	1	美国	加州大学	492
2	美国	加州大学	2623	2	美国	谷歌公司	196
3	法国	UDICE 法国研究型大学联盟	2534	3	美国	斯坦福大学	178

序号	国家	机构名称	人才储备数	序号	国家	机构名称	高层次人才储备数
4	法国	法国国家科学研究中心	2298	4	美国	微软公司	163
5	英国	伦敦大学	1508	5	中国	中国科学院	144
6	中国	中国科学院大学	1462	6	中国	北京大学	135
7	美国	哈佛大学	1454	7	美国	卡内基梅隆大学	133
8	中国	清华大学	1305	8	美国	华盛顿大学	131
9	美国	得克萨斯大学	1209	9	中国	清华大学	129
10	俄罗斯	俄罗斯科学院	1123	10	中国	上海交通大学	119

注：高层次人才指 H-Index 在 20 以上的人才。

数据来源：AMiner 科技情报平台。

2. 数字化人才行业分布

数字化人才的行业分布反映了全球经济数字化发展方向的变化。参考《全球数字人才发展年度报告》中针对全球 31 个重要创新城市（地区）数字人才的分析洞察，我们将 2022 年与 2019 年的数字化人才行业分布数据加以纵向比较，结果如图 3-12 所示。图中零增长线以左（即负值区）反映的是该城市（地区）非 ICT 行业数字人才占比正增长情况，零增长线以右（即正值区）则反映的是该城市（地区）ICT 行业数字人才占比正增长情况。

可以发现，图中数字化人才行业结构呈现出鲜明的洲际分布特征。横向来看，西方国家（地区）或与西方发达国家（地区）关系密切的国家（地区、城市）的数字人才在传统非 ICT 行业的比例更高，如美国（洛杉矶、纽约、芝加哥）、英国（伦敦）、比利时（布鲁塞尔）、丹麦（哥本哈根）、荷兰（阿姆斯特丹）、意大利（米兰）、加拿大（多伦多）非 ICT 数字人才占比超过 80%。相较 2020 年，2022 年 22 个非 ICT 行业数字人才同比正增长的全球主要城市中，欧洲、美洲和大洋洲的主要城市占据 20 席。而以中国、印度部分城市为代表的亚太城市的数字人才增长则主要集中于 ICT 行业，我国（杭州、北京、南京、深圳）、印度（班加罗尔）的 ICT 行业数字人才占比均超过 30%，且我国 ICT 行业数字人才增速最为显著，反映出欧美地区和亚太地区在数字空间创新力构建上，表现出差异化的战略意图：欧美地区现阶段侧重于数字产业化，以数字技术发展挖掘数字经济发展潜力上界，亚太地区现阶段则侧重于产业数字化，以数实融合推进传统行业发展效能提升。

以上海为例，《上海市全面推进城市数字化转型"十四五"规划》明确提出要以数据流动牵引资金、人才、技术、知识等要素的全球化配置，疏通基础研究、应用研究和产业化双向链接快车道，不断推进科技、金融、商贸、航运、制造、农业等领域深层次数字化转型。[①] 2020 年，上海对国际数字人才的吸引力数据为 2.60，数字人才占比占我国总量的 16.6%，居全球数字人才最具吸引力城市之首。其中，数字人才主

---

① 《上海市人民政府办公厅关于印发〈上海市全面推进城市数字化转型"十四五"规划〉的通知》，上海市人民政府网，https://www.shanghai.gov.cn/nw12344/20211027/6517c7fd7b804553a37c1165f0ff6ee4.html，2021 年 10 月 25 日。

要分布于 ICT、制造业、金融、公司服务、消费品、医疗等领域，传统产业数字人才占比约占上海全部数字人才占比的近一半[①]，展现出上海加快推进产业数字化的坚实基础。

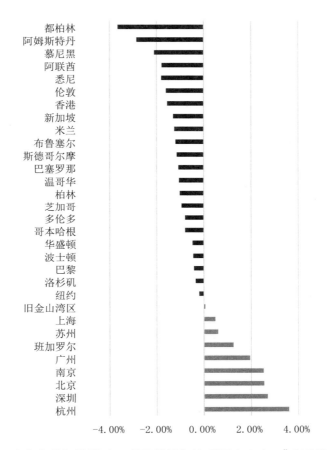

数据来源：清华大学经管学院互联网发展与治理研究中心：《全球数字人才发展年度报告（2022）》。

图 3-12　全球 31 个重要创新城市（地区）数字人才行业分布变化

[①] 上海市科技发展研究中心：《上海应持续打造全球数字人才最具吸引力城市——〈全球数字人才发展年度报告（2021）摘编〉》，上海市科学技术委员会（上海市外国专家局）网站，https://stcsm.sh.gov.cn/cmsres/5d/5d0f78b700684c68a7a25689b26ca427/ad18492f46679ab17e88a401fd010c2c.pdf，2022 年 6 月 30 日。

3. 数字化人才技能结构

数字化人才技能结构与经济数字化转型中的产业结构相对应，反映的是各国各地区数字化人才梯队建设情况和数字经济的产业发展方向，这对于考察各国各地区数字产业化和产业数字化发展趋势，认识各国各地区数字空间的创新力流向具有重要意义。

图 3-13 显示了 2022 年全球主要国家或地区数字颠覆性技能的相对渗透情况。图中对应产业领域的蓝色方格越深，颠覆性数字技能的相对渗透率也会越高。可以发现：（1）从总体上看，欧美国家和地区各行业的相对渗透率水平相对较高，分布程度较为均衡，亚太地区国家和地区中的主要城市则尚处发展阶段，人工智能、开发工具等个别领域渗透优势较强，但其他方面的技能渗透发展仍有发展空间；（2）与 2019 年数据相比，尽管我国在纳米工程、材料科学、基因工程、航空航天工程等领域已体现出一定人才优势，但国内各城市之间的数字技能发展各有侧重，如深圳侧重于基因工程、机器人领域，上海侧重于材料科学，北京侧重于人工智能、航空航天工程，广州侧重于人机交互，南京侧重于机器人和纳米技术等，同旧金山湾区等具有较全面前沿技术优势的全球对标城市存在一定差距。

对此，国内主要城市正积极打造适应数字化人才发展需要的人才政策体系。同样就上海而言，上海正着力通过构建"引、育、留、用、转"的全链条人才政策体系，通过长三角一体化协同机制，实现以上海为龙头的长三角城市群数字化人才结构优化。在城市层面，上海以打造全球科技资源数据高地为契机积极构建高水平"引才"高地，同时通过建立数字化转型和公共数据开放的勤勉尽职和容错机制、加强高校基础学科和新兴学科统合发展、赋予高校科研院所自主认定数字化转型高层次人才权利、① 推广"首席信息官"和"首席网络安全官"制度、试点推行"首席数字官"制度等方式加强数字技术领域育才、留才、用才，

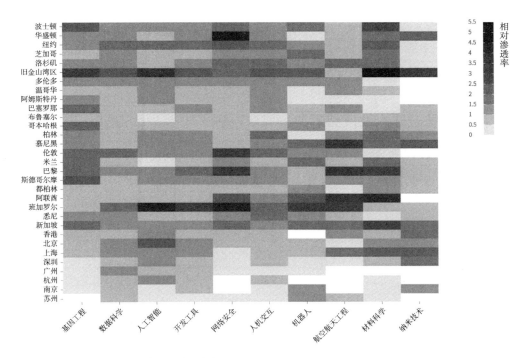

注：图中空白方格表示数据缺失。

资料来源：清华经管学院互联网发展与治理研究中心《全球数字人才发展年度报告（2022）》。

图 3-13　2022 年全球主要创新城市数字技能相对渗透率

① 《关于印发〈上海市促进城市数字化转型的若干政策措施〉的通知》，上海市发展和改革委员会网，https://fgw.sh.gov.cn/fgw_gfxwj/20211123/860adadd275f43d9acef0488e72b396d.html，2021 年 8 月 2 日。

并依托自身成熟的发展环境，在持续吸收初级职位人才的同时输出中高级职位人才，① 以"转才"推动包括长三角城市群在内的其他地区的产业成熟化和人才结构优化。

4. 数字化人才流动

美国是数字科技人才流动最活跃、人才净流入最大的国家。根据2012—2021年全球主要国家科技领域人才流动对比情况（表3-9）来看，美国人才净流入835人，居世界第一，意大利次之，为504人。同期，中国为人才净流失第一大国，净流出684人，韩国次之，净流出100人。因此，在人才流动方面，以西方国家为核心的"中心流入—外围流出"的结构尚未得到有效破解，引进人才、用好人才、留住人才依然任重道远。

表3-9　2012—2021年全球主要国家数字科技领域人才流动对比情况

国家	人才流入额（＋）	人才流出额（－）	净额度
美国	36913	36078	835
中国	12026	12710	−684
英国	7698	7489	209
德国	7321	6981	340
加拿大	5876	5796	80
法国	5650	5498	152
日本	4294	4159	135
印度	3400	3038	362

---

① 王振、惠志斌、徐丽梅、赵付春、王滢波主编：《数字经济蓝皮书：全球数字经济竞争力发展报告（2022）》，社会科学文献出版社2023年版，第310页。

国家	人才流入额（+）	人才流出额（-）	净额度
意大利	3150	2646	504
韩国	2727	2827	-100

数据来源：AMiner 科技情报平台。

　　一国或一地区行业优势的发展变化，也是反映数字人才流动的"晴雨表"。如表 3-10 显示的是全球 31 个重要创新城市（地区）数字化人才六大代表性行业的排名情况，其中软件与 IT 服务、计算机网络与硬件属于 ICT 行业，其余为非 ICT 行业。相较于 2019 年，可以发现：（1）ICT 行业在亚太地区具有明显的领先优势。如中国 2022 年在软件领域占据排名前十中的 6 席，并在硬件领域牢牢占据领先地位，印度则在软件领域展现其稳定的领先优势，彰显了亚太地区国家数字产业化的强大潜力。（2）各国各地区的传统产业发展特征与各国各地区数字化人才的比较优势基础密切相关。如中国在制造业、消费品行业的数字化转型过程中具有明显优势，且与长三角和珠三角产业带高度相关，形成了明显的要素集聚和规模效应；而在金融业、公司服务业等代表性服务业领域中，美国、英国等老牌西方资本主义国家形成了稳定的头部优势。

　　综上，亚太地区的产业化、数字化优势，欧美地区的服务优势总体上构成了互补关系，这在一定意义上揭示了经济数字化协同、一体化发展对于实现数字空间更高质量创新、更高水平开放的重要意义。

表 3-10　全球 31 个重要创新城市（地区）数字化人才所属代表性行业排名

软件与 IT 服务				计算机网络与硬件			
序号	2019 年排名	2022 年排名	排名变化	序号	2019 年排名	2022 年排名	排名变化
1	班加罗尔	班加罗尔	不变	1	深圳	深圳	不变
2	杭州	杭州	不变	2	南京	南京	不变
3	北京	北京	不变	3	苏州	苏州	不变
4	旧金山湾区	旧金山湾区	不变	4	旧金山湾区	杭州	上升
5	都柏林	南京	上升	5	杭州	旧金山湾区	下降
6	柏林	深圳	新增	6	上海	上海	不变
7	南京	广州	新增	7	班加罗尔	北京	上升
8	慕尼黑	上海	新增	8	北京	班加罗尔	下降
9	华盛顿	华盛顿	不变	9	慕尼黑	慕尼黑	不变
10	上海	柏林	下降	10	新加坡	新加坡	不变
制造业				金融业			
序号	2019 年排名	2022 年排名	排名变化	序号	2019 年排名	2022 年排名	排名变化
1	苏州	苏州	不变	1	香港	香港	不变
2	慕尼黑	慕尼黑	不变	2	伦敦	伦敦	不变
3	上海	上海	不变	3	多伦多	纽约	上升
4	深圳	深圳	不变	4	纽约	多伦多	下降
5	南京	南京	不变	5	新加坡	新加坡	不变
6	巴塞罗那	广州	上升	6	悉尼	悉尼	不变
7	广州	米兰	上升	7	斯德哥尔摩	芝加哥	上升
8	米兰	杭州	上升	8	芝加哥	都柏林	新增
9	杭州	巴塞罗那	下降	9	布鲁塞尔	北京	新增
10	巴黎	布鲁塞尔	新增	10	巴黎	巴黎	不变

消费品行业			公司服务业			
序号	2019 年排名	2022 年排名	排名变化	序号	2019 年排名	2022 年排名	排名变化
1	深圳	广州	上升	1	伦敦	米兰	上升
2	广州	深圳	下降	2	华盛顿	阿联酋	上升
3	米兰	米兰	不变	3	阿姆斯特丹	布鲁塞尔	上升
4	香港	香港	不变	4	米兰	伦敦	下降
5	巴塞罗那	苏州	上升	5	布鲁塞尔	上海	新增
6	洛杉矶	上海	上升	6	阿联酋	巴黎	上升
7	旧金山湾区	巴塞罗那	下降	7	巴黎	阿姆斯特丹	下降
8	纽约	旧金山湾区	下降	8	巴塞罗那	悉尼	新增
9	上海	洛杉矶	新增	9	斯德哥尔摩	斯德哥尔摩	不变
10	苏州	纽约	下降	10	都柏林	华盛顿	下降

数据来源：AMiner 科技情报平台。

（二）数字化技术创新

1. 数字科技实力对比 [①]

国家间数字科技实力的对比，可以从数字技术专利授权情况和数字技术论文产出两个维度加以刻画。

在数字技术专利授权方面，我国的数字专利授权数量呈现出数量庞大，但质量有待提升的特征。根据 2012—2021 年全球数字技术授权专利数量（表 3-11）显示，我国以 387889 件数字技术授权专利数量雄踞世界第一，是美国的 2.9 倍，韩国的 8.54 倍。但在质量方面，这一阶段中

---

① 阿里研究院：《2023 全球数字技术发展研究报告》，搜狐网，https://www.sohu.com/a/674103544_121123919，2023 年 5 月 9 日。

国市场价值在 100 万美元及以上的数字技术高价值授权专利数则屈居美国、日本、韩国之后。此外，我国数字技术高价值专利储备实力仍与国际科技巨头存在较大差距，如韩国三星、美国微软、美国谷歌等全球前三大高价值专利巨头，专利数量分别是 1061、630 和 592 件，而我国的华为、阿里巴巴和腾讯，专利数量分别为 373、261、127 件（表 3-12）。

表 3-11　2012—2021 年全球数字技术授权专利数量前十国家排名

序号	国家	数字技术专利授权数	序号	国家	数字技术高价值授权专利数
1	中国	387889	1	美国	12859
2	美国	133273	2	日本	3718
3	韩国	45443	3	韩国	2111
4	日本	32805	4	中国	1650
5	德国	13659	5	德国	1632
6	法国	4566	6	法国	637
7	加拿大	4337	7	荷兰	616
8	英国	3790	8	瑞士	561
9	瑞士	3402	9	英国	550
10	荷兰	3350	10	加拿大	408

注：数字技术高价值专利指市场价值在 100 万美元及以上的专利。

数据来源：AMiner 科技情报平台。

表 3-12　截至 2021 年底我国数字科技高价值专利数量前五强机构

序号	公司名称	高价值专利数
1	华为技术有限公司	373
2	阿里巴巴集团控股有限公司	261
3	腾讯科技（深圳）有限公司	127
4	中兴通讯股份有限公司	80
5	台积电（中国）有限公司	78

数据来源：AMiner 科技情报平台。

在数字技术论文产出方面（表 3-13），美国和中国是全球最大的两个相关领域论文产出国，德国和英国分列第三和第四位。然而在平均被引量方面，英国和加拿大的平均被引量明显高于中国和美国，特别是在全球被引量前 1% 的数字科技论文中，中国的顶尖论文平均被引量明显低于包括美国、英国、德国、加拿大、澳大利亚、法国、意大利、荷兰、西班牙等在内的欧美发达国家，表明中国在数字科技领域的高质量发展尚有较大提升空间。

表 3-13　截至 2021 年底全球主要国家论文产出排名

数字科技论文总产出				引用量前 1% 的数字科技"顶尖论文"			
排名	国家	论文量	被引量	排名	国家	论文量	被引量
1	美国	52.6	14	1	美国	9634	312
2	中国	50.7	18	2	中国	7096	202
3	德国	15.1	12	3	英国	3611	308
4	英国	13.8	25	4	德国	2760	304
5	印度	12.3	15	5	加拿大	2065	357
6	日本	9.9	9	6	澳大利亚	2033	282
7	意大利	9.8	17	7	法国	1642	387
8	法国	9.7	15	8	意大利	1551	331
9	加拿大	9.6	22	9	荷兰	1382	386
10	韩国	8.0	11	10	西班牙	1325	377

注：论文量单位为"万篇"，被引量单位为"次 / 篇"；时间为 2012 年 1 月至 2021 年 12 月。

数据来源：AMiner 科技情报平台。

在数字技术论文质量方面（表 3-14），欧美国家在前十中占有九席，表明发达国家的学术科研机构在全球数字科技领域仍具有绝对影响力。

其中美国加州大学以 1550 篇居于首位，中国科学院以 1309 篇次之。值得注意的是，若以平均被引次数为标准，加拿大多伦多大学和德国马克斯·普朗克学会居于头两位，这提示我国科研机构在高水平论文产出、实际应用和同行认可等方面仍存在很大的向上发展空间。

表 3-14　2012—2021 年全球数字科技论文产出数量前十强机构

全球数字科技论文产出数量前十强机构（万篇/次）					引用量前 1% 的数字科技论文前十强机构（篇/次）				
排名	国家	机构	论文数	被引次数	排名	国家	机构	论文数	被引次数
1	中国	中国科学院	5.9	14	1	美国	加州大学	1550	405
2	美国	加州大学	4.9	18	2	中国	中国科学院	1309	282
3	法国	法国研究型大学联盟	4.8	12	3	美国	哈佛大学	1192	396
4	法国	法国国家科学研究中心	4.4	25	4	法国	法国研究型大学联盟	967	410
5	英国	伦敦大学	2.8	15	5	英国	伦敦大学	909	402
6	美国	哈佛大学	2.7	9	6	美国	美国能源部	773	387
7	美国	得克萨斯大学	2.6	17	7	美国	斯坦福大学	702	443
8	俄罗斯	俄罗斯科学院	2.2	15	8	美国	麻省理工学院	619	460
9	美国	美国能源部	2.1	22	9	加拿大	多伦多大学	582	589
10	中国	中科院大学	1.8	11	10	德国	马克斯·普朗克学会	543	484

注：论文量单位为"万篇"，被引量单位为"次/篇"；时间为 2012 年 1 月至 2021 年 12 月。

数据来源：AMiner 科技情报平台。

2. 数字产品开发项目

数字产品开发项目是数字技术产品开发和应用情况的直接反映。以

2022 年新发表的前 1%ESI 核心论文、高价值专利和研究报告为基础，我们选取三个主要开发项目进行对比。

（1）AIGC（AI-Generated Content，人工智能生成内容）

2022 年，AIGC 在大模型和开源模式的推动下迅速发展。在美国，2022 年 2 月，Deepmind 推出 AI 编码引擎 Alphacode；同年 4 月，Open AI 推出文本到图像模型 DALL-E 的优化版本 DALL-E2；同年 5 月，谷歌推出对话式人工智能模型 LaMDA2，并于次月推出 Parti。在中国，同年 6 月，清华大学推出 Cogview2，可以通过引入更多层次结构来设计模型，并以此构建了文本直接合成视频的 CogVideo；同年 8 月，清华大学知识工程实验室与智谱 AI 共同研发了大规模预训练语言模型 GLM-130B。

从研究实力来看，美国在这一领域以 561 篇前 1% 论文和 623 件高价值专利位居第一，中国以 556 篇前 1% 论文和 90 件高价值专利位于第二。前 1% 论文的第三位是英国（178 篇），此后分别是德国、澳大利亚、马来西亚、加拿大、意大利、法国、印度；高价值专利的第三位则为日本（57 篇），此后分别是爱尔兰、韩国、英国、加拿大、德国、荷兰、印度。

（2）云计算

2022 年，云计算已经从过去统一的计算、存储资源池，进一步发展为容器、微服务、Serverless 为代表的新一代云原生技术，从而实现其对外提供更加极致的弹性公共服务能力，进一步提升了云计算本身服务自治、高可用性、跨数据中心调度与跨多种硬件的兼容适配能力。在美国，同年 6 月谷歌正式推出面向企业的蜂窝无线专网方案，从而形成了其与亚马逊和微软三大公有云厂商并立的行业级专网；同年 11 月，亚马逊云实现了 TWP 功能，使得数据库 TPS 性能提升至少 30%；同年 12 月，微软宣布了 Azure Arc 和 Azure Stack HCI，帮助用户无缝运行混合云。

从研究实力来看，中国在这一领域以 331 篇前 1% 论文和 95 件高价值专利位居第一，美国以 154 篇前 1% 论文和 90 件高价值专利位于第二。前 1% 论文的第三位是英国（69 篇），此后分别是加拿大、澳大利亚、印度、日本、韩国、阿联酋、挪威；高价值专利的第三位则为日本（47 篇），此后分别是瑞士、韩国、德国、印度、爱尔兰、英国、瑞典。

（3）量子计算机

2022 年，量子技术研究已经成为各国加大资金和政策支持，力争抢占新兴信息技术制高点的重要领域。在荷兰，同年 1 月，QuTech 在量子纠错方面取得重大进展，实现了重复信息稳定传输。在印度和芬兰，同年 3 月，它们制定了建立印度-芬兰量子计算虚拟网络中心的详细计划，并为该项目确定了研究所。在芬兰，同年 11 月，IQM 量子计算机公司、阿尔托大学和芬兰 VTT 技术研究中心发现了一种全新的超导量子比特——unimon，量子计算的准确性进一步提高。在中国，12 月，首个"量超协同"系统解决方案正式发布。

从研究实力来看，美国在这一领域以 164 篇前 1% 论文和 529 件高价值专利位居第一，德国以 52 篇前 1% 论文居于论文产出第二，日本以 94 件高价值专利位于高价值专利数量第二。前 1% 论文的第三位是英国（46 篇），此后分别是中国、加拿大、澳大利亚、日本、瑞士、法国、新西兰；高价值专利的第三位则为加拿大（78 篇），此后分别是中国、德国、以色列、瑞士、荷兰、澳大利亚、意大利。

以上经验分析表明，我国在加强数字空间韧性建设方面主要具备两方面优势：第一，数字基础设施的适度超前布局优势，有利于我国在数字经济领域赢得发展先手。《数字中国发展报告（2022 年）》指出，我国已经成为全球主要经济体中首个实现"物超人"的国家。[1] 数字基础设施规模能级的大幅提升，有益于更好通过数字赋能助力我国各领域转型升级。第二，良好的制造业基础和数字化人才储备优势，有助于我国更好实现数据种类多样化生成、数据体量规模化生产，进而有利于我国在建成更有竞争力的数据产业的同时，塑造"数实融合"的产业新优势。但在深入挖掘关键数字技术的创新潜能、提升数字化发展的系统性、整体性和协同性水平、健全完善涵盖数字技能和数字素养等数字包容体系方面尚与欧美等发达国家存在较大差距。这启示我们实现数字空间的高水平韧性发展需要不断夯实基础、赋能全局、强化能力、优化环境，必须以统筹数字空间"发展和安全"为主线久久为功。

---

[1] 国家互联网信息办公室：《数字中国发展报告（2022 年）》，2023 年 4 月，第 1 页。

第三节　数字空间韧性的国际比较（二）：制度保障条件

制度条件是构建数字空间韧性的外在保障。数字空间制度的不断完善对于保障经济增长、社会有序运行，乃至维护国家主权和安全都具有重要意义，也是数字空间韧性不可缺少的组成部分。为掌控数字空间主权、谋求数字空间的发展权益，各国纷纷加强数字空间治理，从数字立法、数字创新能力、数字经济核心产业发展等方面加以推动。

一、以数字立法保障数字空间安全运行

数字立法是保证数字空间发展整体态势，有效防范和化解各种重大风险的必然需要。近年来，随着数字经济推动着社会的发展变革，世界各国在融入数字经济发展的浪潮过程中，都在积极探索和构建数字法律框架，以期通过立法保障来推动本国数字经济的快速发展。尤其是美国、日本、欧盟、英国等主要经济体围绕数字基础设施建设、数字产业集群发展、数字资源交易与保护、数字税收以及数字垄断监管和数字空间安全保障等方面，相继颁布了一系列法律政策（表3-15）。

党的十八大以来，中国加快健全数字法律制度体系，相继颁布了《网络安全法》《电子商务法》《数据安全法》《个人信息保护法》，修改《反垄断法》，在完善数据安全和个人信息保护，确保国家数字安全、数据和个人隐私安全等领域取得了初步成效。但由于起步较晚，仍然存在许多空白领域，无法满足数字经济快速发展的需求。具体表现在以下几个方面。

表 3-15 部分国家（地区）数字立法

国家 / 地区	通过时间	数字经济相关法律名称
美国	2015 年 12 月	《网络安全法》
	2017 年 12 月	《人工智能未来法案》
	2019 年 4 月	《算法问责法》
	2020 年 5 月	《生成人工智能网络安全法案》
	2021 年 6 月	《平台竞争和机会法案》
	2022 年 6 月	《数据隐私和保护法》
	2022 年 8 月	《芯片和科学法案》
欧盟	2016 年 4 月	《通用数据保护条例》（GDPR）
	2021 年 4 月	《欧盟人工智能法》
	2022 年 2 月	《芯片法案》
	2022 年 2 月	《数据法案》
	2022 年 3 月	《数字服务法》
	2022 年 4 月	《数字市场法》
	2022 年 5 月	《数字经济法案》
日本	2014 年 11 月	《网络安全基本法》
	2017 年 4 月	《支付服务法》
	2021 年 5 月	《数字社会建设基本法案》
	2021 年 9 月	《数字厅设立法》
	2022 年 3 月	《数字平台交易透明化法》
	2022 年 6 月	《资金结算法案》
英国	2009 年 11 月	《数字经济法案》
	2014 年 4 月	《数字经济法（2017）》
	2021 年 12 月	《产品安全和电信基础设施法案》
白俄罗斯	2017 年	《数字经济发展法案》
中国	2016 年 6 月	《网络安全法》
	2018 年 8 月	《电子商务法》
	2021 年 6 月	《数据安全法》
	2021 年 8 月	《个人信息保护法》

资料来源：作者整理。

一是数字领域全国性立法统筹力度不够。目前尚未出台一部专门针对数字领域，包含数字安全、审慎监管、数据资源使用、个人信息保护等全方位适应数字经济发展的统领性法律法规。无论是《网络安全法》《数据安全法》或是《个人信息保护法》，这些立法只侧重于某一领域。虽然北京、贵州、上海、浙江、广东等 20 多个省市已经探索制定数字领域相关的地方性法律法规条例，但当前地方性立法在一定程度上呈现出碎片化、零散化与趋同化并存的特征，适用范围小、立法内容重叠，且存在立法冲突问题。相比之下，日本的数字立法起步较早，高度重视数字发展的顶层设计。2014 年 11 月，日本实施《网络安全基本法》，数字空间安全的法律框架雏形初步形成，2021 年 5 月，日本颁布了《数字社会形成基本法》《数字厅设立法》《数字社会形成基本法案》以促进社会的数字化转型，增强日本的国际数字竞争力。

二是部分数字领域尚存立法空白。中国数字立法主要集中在电子商务和个人隐私安全保护方面，但在人工智能算法、ChatGPT 等数字技术应用以及数字资源的权属确定、收益分配等方面，尚未予以明确的法律规制。

然而，美国和欧盟高度重视数字技术应用以及"数字主权"问题。其中，美国为维护自身在数字技术领域的绝对竞争优势，在 2017—2022 年相继颁布了《算法问责法》《芯片和科学法案》《平台竞争和机会法案》《数据隐私和保护法》等法案，针对他国的数字安全和数字技术竞争构建防御制度，以保障自身国家数字安全。欧盟为了增强"数字主权"，确保其在全球数字竞争中占据一席之地，在数字基础设施、数据保护、数字规则等领域都推出了重磅的立法，其中2016年通过的《通用数据保护条例》被称为全球最严苛的个人数据保护条例。三是数字司法、执法的能力有待提升。数字空间的形成必然要求国家政府相关司法、执法能力与时俱进，尤其是数字经济发展具有持续演变和快速迭代的特征，数字空间内形成的数字主体、数字客体、新的权利义务亟须相应的司法、执法予以调整。但是，当前世界各国关于数字空间中的数字主体权责、数字执法、数字司法等方面尚存空白。

二、以顶层规划推进数字技术创新发展

创新是提升数字空间发展韧性的根本动力，数字技术的发展是推动数字空间运行的前提。十多年来，美国、欧盟、中国等国家或地区组织都高度重视数字技术的创新与应用的重要作用，并在各国各地区的数字化战略和制度构建中予以呈现。

美国作为全球信息化和数字化的领域的领头羊，始终奉行技术领先策略，并率先在2012年将大数据纳入国家战略，并在战略层面陆续发布《大数据研发倡议》《联邦云计算战略》《国家人工智能研究和发展战略计划》《国家战略计算计划》《联邦数据战略与2020年行动计划》等一系列关于技术发展的战略规划。依托在人工智能、大数据、云计算的理论和实践领域的先发优势，美国在物联网、云计算、大数据、人工智能等前沿技术领域，以及芯片设计的上游软件、芯片制造的上游设备等多个关键环节拥有绝对优势。① 而在具体制度层面，美国自 20 世纪 90 年代以来积极推动数字技术同经济社会多领域的融合发展。一是在国防军事领域积极推动布局军事信息基础设施建设，依托建设联合信息环境（JIE 计划），全面重塑其全球信息栅格建设（GIG 计划），实现其作战形态与技术形态的融合发展。二是在公共管理领域，不断推进政府部门和政务的电子化、开放化、数字化进程，并于 2012 年发布的《数字政府：建立一个面向 21 世纪的平台更好地服务美国人民》（Digital Government: Building a 21st Century Platform to Better Serve the American People）中明确提出以信息为中心、构建共享平台、以客户为中心、安全和隐私保障等四方面特征为核心的美国政府数字化进程。②

欧盟在 2010 年启动的《欧洲 2020 战略》，将"欧洲数字议程"作为其促进经济增长的关键举措之一，并于 2015 年启动单一数字市场建设。2018 年、2019 年和 2020 年，欧盟陆续发布《欧洲人工智能战略》《可信赖人工智能的政策和投资建议》，以及《塑造欧洲的数字未来》《欧洲数据战略》《人工智能白皮书》三份数字战略文件，强调要在包括数据基础设施、网络和通信的完整性和恢复力等方面强化"技术主权"，并制定发布《一般数据保护条例》（GDPR），通过形成具有全球影响力的数字技术规则来影响全球数字技术的发展进程。此外，在制度层面，

---

① 李芳、程如烟：《主要国家数字空间治理实践及中国应对建议》，《全球科技经济瞭望》2020 年第 6 期。

② 胡微微、周环珠、曹堂哲：《美国数字战略的演进与发展》，《中国电子科学研究院学报》2022 年第 1 期。

欧盟也不断强化关键基础设施和技术领域的自主数字能力建设。在新一代人工智能、物联网、5G 技术建设方面，欧盟委员会提出名为"欧洲的数字时代"的一揽子项目，从标准化架构、监管框架的数字化转型和网络化应对、推进数字教育和数字技能普及为民众赋权等方面着手来确保其在相关领域的技术主权，并新设立总额约 76 亿欧元的"数字欧洲计划"（Digital Europe Programme）来支持包括高性能计算、人工智能、网络安全等先进实用的数字应用项目的发展。此外，欧盟理事会批准并于 2019 年 4 月 11 日生效的《欧盟外商直接投资审查条例》还就数字技术关键核心领域进行并购限制，以确保其在相关领域的独立和领先地位。

中国则通过更好发挥新型举国体制优势，集中力量增强自身数字技术实力，更加公平、平等地参与国际数字竞争和数字治理。2015 年 8 月，国务院发布《关于印发促进大数据发展行动纲要的通知》，在全国范围内稳步推进大数据发展战略，通过《国家信息化发展战略纲要》《"十四五"数字经济发展规划》《"十四五"国家信息化规划》等一系列顶层设计和战略引领，在 5G、大数据、云计算、量子计算等技术领域快速跻身世界前列。在制度层面，我国一方面正在以建设全国统一大市场为契机，积极推进数据基础制度建设，如《中共中央国务院关于构建数据基础制度更好发挥数据要素作用的意见》中明确要探索有利于数据安全保护、有效利用、合规流通的产权制度和市场体系，完善数据要素市场体制机制。另一方面，我国也在积极推动健全数字领域行业标准建设。2022 年，全国共发布国家标准 74 项、在研标准 207 项，以更高标准推进数字技术创新联合体、数字开源社区、数字开源项目的建设。这将为更好加强数据要素市场培育，促进数据流动与开发利用、激活数据要素潜能、实现数据要素有序高效流通发挥重要作用。此外，我国还深度参与包括国际电信联盟（ITU）、国际标准化组织（ISO）、国际电工委员会（IEC）等在内的国际标准组织标准研制，积极参与第三代合作伙伴计划（3GPP）等全球标准化组织活动，不断推进中外标准兼容互认互通。①

---

① 国家互联网信息办公室：《数字中国发展报告（2022 年）》，2023 年 4 月，第 32 页。

第四章

空间交互下数实深度融合的安全与发展分析

当前，我国数字经济发展正处于数实融合的阶段。党的二十大报告强调，建设数字中国，加快发展数字经济，促进数字经济和实体经济深度融合。数实深度融合不仅是数字技术融入实体经济的过程，更是经济形态变迁、走向数字经济新形态的过程。数实深度融合首先表现为数字空间与物理空间的交互，在交互过程中实现产业数字化和数字产业化。事实上，伴随着这一过程的完成，人类经济也将由工业经济形态转变为数字经济新形态。数字经济与工业经济存在显著差异，其渗透性、融合性特征决定了其安全问题比以往任何时候都要重要。党的二十大报告明确指出，需以新安全格局保障新发展格局，在不断健全国家安全体系的过程中，完善重点领域安全保障体系和重要专项协调指挥体系，强化经济、重大基础设施、金融、网络、数据等安全保障体系建设。统筹发展和安全，增强忧患意识，做到居安思危，是中国共产党治国理政的一个重大原则。因此，我们必须在统筹发展和安全视域下推动数实深度融合，进而为扎实推进中国式现代化、推动共同富裕取得实质性进展提供支持。

第一节 数实融合的现实发展和政策演进

《"十四五"数字经济发展规划》中明确指出，"数字经济是继农业经济、工业经济之后的主要经济形态，是以数据资源为关键要素，以现代信息网络为主要载体，以信息通信技术融合运用、全要素数字化转型为重要推动力，促进公平与效率更加统一的新经济形态"[①]。作为数字经济发展过程中的核心环节，数实融合在形塑数字经济运行方式、重塑数字化进程下的社会生产关系、引导人类社会经济制度变革方向等方面的重要性不可忽视。从数实融合中寻找新的发展动力，是构建我国数字经济发展新形态、引领并支撑我国数字经济新一轮增长的主引擎和主战场，是夯实我国实体经济发展根基、推动产业链、供应链、价值链数字化升级，进而实现经济高质量发展的关键一招，对于做强做优做大数字经济、建设现代化经济体系、构建新发展格局意义重大。

一、数实融合的现实发展

"数字产业化"与"产业数字化"是推进数实融合的一体两面。通过劳动工具数字化、生产组织平台化、要素资源共享化、公共服务均等化，数实不断深度融合，在改变商品交换方式、提高资源要素配置水平的同时，也赋予了生产要素、生产力与生产关系以新的内涵和发展活

---

① 国务院：《国务院关于印发"十四五"数字经济发展规划的通知》，中华人民共和国中央人民政府网，http://www.gov.cn/zhengce/content/2022-01/12/content_5667817.htm，2022 年 1 月 12 日。

力，实现了产业体系乃至经济体系的重构。

（一）产业数字化演进中的数实融合

所谓产业数字化，是指在数字技术的支撑和引领下，依托数据这一关键要素，以实体经济价值创造为核心目标，以数字赋能为功能主线，对包括制造业企业的生产和流通全过程，乃至产业链上下游各环节进行全要素数字化升级、转型和再造的过程。产业基础是实现数字化必需的物质基础。产业数字化推进过程中所产生的海量数据，为数字产业化进一步做强做大提供庞大的数据资源。

产业数字化中的数实融合主要包含两个方面。一是在需求侧，借助互联网泛在的数字连接能力打破既有时空局限，将产品和服务提供给空间范围更广的用户和消费者，从而以打破传统产业生产周期和生产方式为途径提升企业的产出效率，实现数字化催生下实体经济规模效应的不断扩大。二是在供给侧，借助数字技术精确度量、分析优化、统筹规划等多方面的优势，实现企业、产业的流程再造，通过系统集成降低企业经营成本、提高经营效率、提高产品和服务质量、创造新的产品和服务，从而显著促进传统生产要素的优化配置、生产方式的有效变革，进而推动产品质的有效提升和量的合理增长。[1]

产业数字化是我国推动新旧动能转换、实现经济高质量发展的主要方式，在推进数实融合进程中形成了"从数据中来，到实体中去"为

---

[1]　石建勋：《顺应科技革命和产业变革大趋势　加快推动数字产业化和产业数字化》，《人民日报》2021 年 10 月 15 日。

中心思想、"国家—产业—企业"各层面系统规划协同发力的发展特征。在国家层面，产业数字化推动的实体经济与数字技术的深度融合有助于夯实产业数字化基础的同时提升国家数字生产竞争力，一系列以数字经济为核心竞争力的战略发展规划不断落地；在产业层面，产业数字化推动了信息技术、数字技术等在行业内和行业间的快速普及，实现了服务业数字化高速发展、制造业数字化转型快速起步、农村数字经济的渗透不断增强。这不仅在重塑产业流程的过程中加速了传统动能转化，还使得原有的产业基础催生出新的附加价值，形成新的产业动能，从而实现产业结构的重构、优化和升级；在企业层面，产业数字化通过数字技术对包括企业生产、研发、销售、服务等全流程的赋能再造，使得企业的业务运行、流程管理、战略管理、生命周期管理等内容都转化为数据资源，并由数据驱动，不断丰富企业的数字资产、提高企业数字资产的利用程度，从而不断实现企业生产服务流程的优化和生产效率的提升，进而增强企业的核心竞争力。

（二）数字产业化发展中的数实融合

所谓数字产业化，是指数据要素的产业化、商业化和市场化。数字产业化通过提供为产业数字化发展和纯粹的数字化发展提供各项数字技术、产品、服务、基础设施、解决方案，引领和推动社会各行业的数字化转型、迭代、升级。它既是数字经济的形成基础，也是发展数字经济、推动产业数字化的动力来源。

围绕服务于产业数字化发展这一目标，以数字技术为驱动核心，数字产业化主要从三个方面形成数实融合的高效支撑体系。[①]

第一，数字技术产品推动了我国关键核心技术创新能力的显著提高。在国家层面，我国在超算、量子技术等前沿领域取得全球领先的技术突破，如"天河二号""太湖之光"两台国产超级计算机连续居于世界超算排行之首，"祖冲之二号"量子计算原型机可实现高出谷歌六个数量级计算复杂度的运算能力等。在产业层面，智能手机、智能电视、新能源汽车等智能产品领域实现质和量的有效提升，如我国连续七年实现新能源车产量世界第一，我国5G手机出货量在2021年达到2.7亿部，占当年同期手机出货量的超四分之三。在企业层面，行业内领军企业在数字技术方面不断创新，在基础软件领域实现突破，如华为推出的欧拉操作系统和鸿蒙操作系统打破了操作系统的国外垄断，阿里云研发的稳定可靠且可弹性伸缩的在线数据库服务RDS首次进入全球顶级数据库榜单等。

第二，核心数字产业的发展增强了我国实体经济发展的韧性。数字产业化所包含的电子信息制造业、软件和信息技术服务业、电信业、互联网及相关服务业等核心产业的增速均高于制造业平均水平。2021年，我国规模以上电子信息制造业营业收入同比增长14.7%，高于同期规模以上工业增加值增速8.6个百分点，连续9年保持工业第一大行业地

[①] 新华网、中国电子信息产业发展研究院：《数字经济和实体经济融合发展报告（2022）》，新华网：https://tjdsj.tjcac.gov.cn/XXFB0/WXDT137445/202211/t20221129_6046024.html。

位。在它的驱动下，软件业务收入 2021 年达到约 9.5 万亿元，十年内年均增长 16.1%。伴随相关产业劳动生产率的提升，在基础软件和工业软件产品之外，新兴平台软件、行业应用软件、嵌入式软件等软件产品快速发展，软件产品结构持续优化，与国外领先集团的差距明显缩小。

第三，新兴数字产业彰显了我国经济信息化、数字化、智能化的强大实力。在云计算方面，2021 年底我国云计算市场规模超 3000 亿元，增速约 45%，其中公有云占比超过六成，并维持高速增长。在大数据方面，2021 年我国大数据产业测算规模 1.3 万亿元，大数据典型示范试点区域达 604 个，大数据产业链初步形成。在人工智能方面，2021 年我国国内人工智能核心产业规模超 4000 亿元，企业数量超 3000 家，智能芯片、开源框架、终端、机器人等关键核心技术和标志性产品的创新能力持续增强。在区块链方面，2021 年我国区块链全年产业规模 65 亿元，提供相关技术支持、产品和解决方案等服务的企业超 1600 家，体现其强劲的增长潜力。

二、数实融合的政策演进与内涵界定

数实融合是大势所趋、时代所向。互联网、大数据、云计算、人工智能、区块链等数字技术的创新迭代，日益成为推动实体经济质量变革、动力变革、效率变革的重要途径，是我国加快构建新发展格局，推动经济高质量发展的重要战略支点。党的十八大以来，党中央国务院高度重视数字经济发展，紧紧跟踪数字技术发展最新动向，不断深化对数字技术与实体经济的关系的认识，积极推出一系列具有重大战略意义的推动数字经济和实体经济融合发展的战略方针政策。

（一）数实融合的政策演进

数实融合的首次提出是在 2016 年，习近平总书记在网络安全和信息化工作座谈会上指出："着力推动互联网和实体经济深度融合发展，以信息流带动技术流、资金流、人才流、物资流，促进资源配置优化，促进全要素生产率提升。"[①] 此后伴随数字技术的快速迭变，党中央国务院对数实融合的认识也在不断发展。一是要不断实现技术形态和产业形态的互融互通，实现从过去的少数行业、少数场景的点状融合向多元场景的一体化融合发展，最终构建万物智联的泛在网络，实现以智能合约和自组织为特征的去中心化的产业组织和企业间合作体系。二是始终坚持以数实融合为发展主线，以服务实体经济高质量发展为根本，以平台作为促进数实融合的关键载体，最终形成企业智能化与开放式创新生态相互融合的智能化产业体系。三是注重智能互联的普惠属性，在"加快培育一批'专精特新'企业和制造业单项冠军企业""协同推进数字产业化和产业数字化，赋能传统产业转型升级，培育新产业新业态新模式"之余，不断推进中小企业的数实融合进程，依托平台的网络效应不断加速产业化进程和新技术的匹配和普及，促进"数字技术向经济社会和产业发展各领域广泛深入渗透"。具体政策演进如下表 4-1 所示。

---

① 习近平：《在网络安全和信息化工作座谈会上的讲话》，人民出版社 2016 年版，第 4—5 页。

表 4-1　党的十八大以来党和国家关于数实融合的重要表述与政策演进

提出时间	会议或文件	主要表述或政策提法
2016 年 4 月 19 日	网络安全和信息化工作座谈会	着力推动互联网和实体经济深度融合发展，以信息流带动技术流、资金流、人才流、物资流，促进资源配置优化，促进全要素生产率提升。
2016 年 7 月 27 日	《国家信息化发展战略纲要》	推进信息化和工业化深度融合。加快实施《中国制造2025》，推动工业互联网创新发展。以智能制造为突破口，加快信息技术与制造技术、产品、装备融合创新，推广智能工厂和智能制造模式，全面提升企业研发、生产、管理和服务的智能化水平。普及信息化和工业化融合管理体系标准，深化互联网在制造领域的应用，积极培育众创设计、网络众包、个性化定制、服务型制造等新模式，完善产业链，打造新型制造体系。
2016 年 10 月 9 日	十八届中央政治局第三十六次集体学习	加强信息基础设施建设，推动互联网和实体经济深度融合，加快传统产业数字化、智能化，做大做强数字经济，拓展经济发展新空间。
2017 年 10 月 18 日	党的十九大报告	推进互联网、大数据、人工智能和实体经济深度融合，在中高端消费、创新引领、绿色低碳、共享经济、现代供应链、人力资本服务等领域培育新增长点、形成新动能。
2017 年 12 月 8 日	十九届中央政治局第二次集体学习	推动实体经济和数字经济融合发展，推动互联网、大数据、人工智能同实体经济深度融合。
2018 年 4 月 20 日	全国网络安全和信息化工作会议	推动互联网、大数据、人工智能和实体经济深度融合，加快制造业、农业、服务业数字化、网络化、智能化。
2018 年 10 月 31 日	十九届中央政治局第九次集体学习	促进人工智能同一、二、三产业深度融合，以人工智能技术推动各产业变革。
2019 年 10 月 24 日	十九届中央政治局第十八次集体学习	加快区块链和人工智能、大数据、物联网等前沿信息技术的深度融合，推动集成创新和融合应用。推动区块链和实体经济的深度融合，利用区块链技术探索数字经济模式创新。
2020 年 10 月 29 日	《中共中央关于制定国民经济和社会发展第十四个五年规划和二〇三五年远景目标的建议》	推动互联网、大数据、人工智能等同各产业深度融合，推动先进制造业集群发展，构建一批各具特色、优势互补、结构合理的战略性新兴产业增长引擎，培育新技术、新产品、新业态、新模式。

续表

提出时间	会议或文件	主要表述或政策提法
2021年3月12日	《中共中央关于制定国民经济和社会发展第十四个五年规划和二〇三五年远景目标纲要》	充分发挥海量数据和丰富应用场景优势，促进数字技术与实体经济深度融合，赋能传统产业转型升级，催生新产业新业态新模式，壮大经济发展新引擎。
2021年10月18日	十九届中央政治局第三十四次集体学习	充分发挥海量数据和蜂拥应用场景优势，促进数字技术与实体经济深度融合，赋能传统产业转型升级，催生新产业新业态新模式，不断做强做优做大我国数字经济。推动互联网、大数据、人工智能同产业深度融合，加快培育一批"专精特新"企业和制造业单项冠军企业。
2021年12月12日	《"十四五"数字经济发展规划》（国发〔2021〕29号）	以数据为关键要素，以数字技术与实体经济深度融合为主线，加强数字基础设施建设，完善数字经济治理体系，协同推进数字产业化和产业数字化，赋能传统产业转型升级，培育新产业新业态新模式，不断做强做优做大我国数字经济，为构建数字中国提供有力支撑。
2021年12月27日	《"十四五"国家信息化规划》	加快新一代信息技术与实体经济融合应用，实施"上云用数赋智"行动，打造大数据支撑、网络化共享、智能化协作的智慧供应链体系。
2022年10月16日	党的二十大报告	加快发展数字经济，促进数字经济和实体经济深度融合，打造具有国际竞争力的数字产业集群……推进新型工业化，加快建设制造强国、质量强国、航天强国、交通强国、网络强国、数字中国。

资料来源：根据中央人民政府官网资料整理，部分内容参见欧阳日辉：《数实融合的理论机理：典型事实与政策建议》，《改革与战略》2022年第5期。

（二）数实融合的内涵界定

基于上述梳理，在借鉴阿里研究院《数实融合的第三次浪潮（2023）》研究报告的基础上，[1] 我们提炼出"数实融合"的基本内涵，

---

[1]　阿里研究院：《数实融合的第三次浪潮（2023）》，中国大数据产业观察网，http://www.cbdio.com/BigData/2023-03/17/content_6172290.htm，2023年3月17日。

即通过对包括数据资源要素、数字化人才、数字技术等在内的数字化要素、数字化工具的发展、渗透和重塑，实现可被数字化的和不可被数字化的实体经济，以创新驱动和结构转型升级为特点的高质量发展。从发展演进的角度来看，数实融合以数字产业化为发展起点，在信息化、数字化、智能化三个阶段的技术驱动下，实现产业数字化覆盖范围和规模的不断扩大，最终实现以产业数字化促进数字产业化的实体经济发展路径，最终形成数字形态实体经济和非数字形态实体经济共生共荣的数字化实体经济体系新格局。

这里还需要关注"数实融合"中的一个关键属性：内嵌性。数字技术内嵌于实体经济生产和流通全过程，数字产业化和产业数字化范围在内嵌中不断扩大，实体经济与数字经济也在时空中协同延展，而并非虚拟形态数字经济的单一扩张。因此，数实融合可以从三个途径来实现其降本增效、扩边提质的功能发展。一是通过对实体经济中一部分生产、流通和管理流程的虚拟化来实现降本增效。二是通过对实体经济中全系统、全部门的数字化，实现以数字孪生促动效率变革。三是通过产业数字化和数字产业化的螺旋式上升发展，形成新的数字形态或非数字形态的实体经济部门，进而不断延展经数字化后的实体经济的时空边界，带动经济发展的创新重构。

三、数实融合安全与发展的必要性

习近平总书记在十九届中央政治局第三十四次集体学习时指出："要推动数字经济和实体经济融合发展，把握数字化、网络化、智能化方向，推动制造业、服务业、农业等产业数字化，利用互联网新技术对传统产业进行全方位、全链条的改造，提高全要素生产率，发挥数字技术术对经济发展的放大、叠加、倍增作用。"这深刻表明加快推进数实融合是我国经济由高速增长迈向高质量发展的必然选择，必须积极统筹发展和安全，实现实体经济质的有效提升、量的合理增长、产业的内在韧性提升。

数实融合安全与发展是新时代推进数字经济高质量发展的内在要求。从量的发展的必要性看，数字经济的放大、叠加、倍增效应对于实体经济的发展至关重要，特别是数字技术催生出的全新智能装备产品和服务，使得制造业产业链、供应链、价值链得以融合贯通，进而在实现企业供求平衡、资源配置优化、全要素生产率有效提高等方面起着颇为重要的作用。以工信部智能制造试点示范项目为例，305个示范项目智能化改造前后的生产效率平均提升37.6%、能源利用率平均提升16.1%、运营成本平均降低21.2%、产品研制周期平均缩短30.8%、产品不良率平均降低25.6%，充分反映出产业数字化在提高发展效率中不可替代的作用。① 从质的发展的必要性看，数实融合在打造经济增长的创新驱动力、推进"双碳"进程、提升实体经济运行效率、推进农业农村现代化的过程中都具有丰富的应用场景和优化能力，这些场景的优化改造不仅能更好满足人民群众日益增长的美好生活需要，而且有助于推动中国制

---

① 《中国305个智能制造示范项目 生产效率平均提升37.6%》，人民网，http://industry.people.com.cn/n1/2018/1212/c413883-30461080.html，2018年12月12日。

造不断迈向全球价值链中高端，进而提升公共服务和社会治理水平。这充分反映数实融合在微观、中观、宏观等各层面系统集成、协同发力的积极作用，也是有别于过去各个历史阶段中的经济形态和技术形态的核心特征。

数实融合还应充分适应经济安全的内在需要。在技术层面，伴随社会上的各类主体参与网络的程度日益加深，一些涉及政府、企业与个人的机密数据、隐私数据存在泄露和滥用风险，数据安全、网络安全日益成为影响国家安全、社会安全、企业安全、个人安全的重要方面；在制度方面，围绕数据"价值创造—价值实现—价值分配"展开的数据产权制度、数据要素流通和交易制度、数据要素收益分配制度、数据要素治理制度尚处于萌芽和新生阶段，数据的产权界定与主体责任划分所客观存在的复杂共生、动态变化的困境仍需要通过进一步治理实践来更好解决数实融合市场运行进程中存在的侵权、违法抄袭、利益划分不均等风险问题，从而在更好构建和完善中国特色数据产权制度体系的基础上，推动更具内在韧性、灵活协同的个人互联、企业互联、社会互联格局的形成。

第二节　数实深度融合的发展逻辑：空间交互的视角

数字空间是由数字生产实践创造，由数字技术驱动，以数字化基础设施为底层架构，以数据、算法为核心要素，贯通现实空间和虚拟空间的新的经济空间。数字空间的一项重要功能是对现实物理空间的全部经济活动开展生产关系的全面解构和重构，进而带动社会生产力质和量的共同提升。随着社会空间独立化进程中涉及流通领域空间的占比日益增大，媒介技术的重要性日益凸显，数字经济作为经济发展社会化进程中的一个新的发展阶段，实现经济单一向度的数字化并不完全适应新发展阶段的经济发展需要，需要依靠数字技术发挥其协调现实物理空间和虚拟数字空间的功能，并通过"数据化—数字化—智能化"三个阶段实现数实融合的积极作用（参见图4-1）。

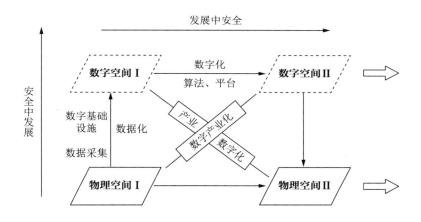

图 4-1　数字空间与物理空间交互融合的发展逻辑

图 4.1 反映的是数实融合进程中物理空间与数字空间的交互融合关系。水平方向（从左至右）反映的是同一空间形态在不同时间下的变化，其中编号Ⅰ、Ⅱ反映的是物理空间形态和数字空间形态的动态变化情况，以物理空间Ⅰ、Ⅱ和数字空间Ⅰ、Ⅱ表示；垂直方向（从下而上）反映的是同一时间下所存在的平行空间，如物理空间Ⅰ和数字空间Ⅰ、物理空间Ⅱ和数字空间Ⅱ表示的是各自时间点下所存在的不同空间形态。

图中的物理空间 I 表明社会发展所处的初始空间状态；数字空间 I 是对物理空间 I 所包含的一切生产关系和社会关系所作的完整数据化映射；数字空间 II 是在数字空间 I 的基础上，基于平台算法的数字化进程重构出的新的生产关系和社会关系所塑造出的新的空间形态；物理空间 II 是基于新塑造的数字空间 II，通过实体化、产业化进程所复归形成的新的物理空间。

一、从物理空间 I 到数字空间 I：空间数据化

从物理空间 I 到数字空间 I 是空间数据化的阶段，是通过数字技术对现实生产活动的生产和流通等活动进行全链条数据化的阶段。马克思曾在《〈政治经济学批判〉导言》中指出："生产直接是消费，消费直接是生产。"[①] 在马克思看来，"消费创造出新的生产的需要，也就是创造出生产的观念上的内在动机，后者是生产的前提。消费创造出生产的动力；它也创造出在生产中作为决定目的的东西而发生作用的对象。……消费在观念上提出生产的对象，把它作为内心的图像、作为需要、作为动力和目的提出来。消费创造出还是在主观形式上的生产对象。"[②] 这种基于产业资本循环的"产销一体"构想通过数据化过程实现了对"观念的生产对象"的提取。

这其中，实现"信息数据化"，是理解空间数据化映射中"发展和安全"的核心问题。所谓"信息数据化"，就是将多种形式表达的信息

---

①② 马克思、恩格斯：《马克思恩格斯选集》第 2 卷，人民出版社 2012 年版，第 691 页。

通过数字化编码的方式形成统一的原始数字信息，再通过物理载体将整理、修改、存储后的数字信息加以记录，形成数字空间的"数据"。[①] 作为对现实物理空间社会关系属性的集中映射，数据采集是否保真、数字基础设施是否支持，对于完整准确构建同该现实物理空间相匹配的虚拟数字空间，实现空间数据化的"发展和安全"具有决定性意义。

从发展逻辑来看，数据的规模化生产方式呈现出两大特征：一方面，数据实现了从单一环节采集到全链条、全网络采集。在数据生产的最初阶段，数据的生产方式以独立的"运营式系统的建立"为特征，如超市的采购销售记录、银行的现金流水等。此时，数据的采集和记录只是针对生产或流通过程中的某一特定阶段展开，并没有横向或纵向的关联。随着用户原创内容（User generated content, UGC）的爆发式增长和后期感知式系统的广泛应用，数据的采集开始通过全天候接入网络的移动设备和传感器展开，数据采集的广度、深度和关联度均开始快速深化，全社会各行业生产流通的运转过程都置于数据的监控和记录之下；[②] 另一方面，采集技术的发展使得数据采集实现了从被动采集到主动采集再到自动采集的变化。在运营式系统阶段，数据往往是伴随着特定的运营活动产生并被动记录在数据库中。而到用户原创内容阶段，微博、微

---

① 王宝珠、王朝科：《数据生产要素的政治经济学分析——兼论基于数据要素权利的共同富裕实现机制》，《南京大学学报（哲学·人文科学·社会科学）》2022年第5期。

② 孟小峰、慈祥：《大数据管理：概念、技术与挑战》，《计算机研究与发展》2013年第1期。

信等社交网络的出现以及移动设备的广泛普及，使得用户通过以发表个人意见为核心的主观数据生产意愿颇为强烈，形成了数据采集规模的再一次飞跃。而进入感知式系统阶段后，数据采集通过带有处理功能的传感器实现网络化连接和全天候采集，数据采集的自动化使得人类数据的生产规模迈入更高阶段，"大数据"这一概念在技术上实现了真正落地。

二、从数字空间 I 到数字空间 II：空间数字化

从数字空间 I 到数字空间 II 是空间数字化阶段，这一阶段面向数据流通过程，是数字技术支持平台有序有效运行的阶段，是纯粹虚拟的数字空间发展流动的表现。因此，数实融合背景下的空间数字化发展是以数字技术为驱动、以数字基础设施为物理基础，通过数据、算法、算力相互支持和协同对生产活动中包含的一切社会关系进行系统性重构的过程。

空间数字化对社会关系的发展与重构，至少包含了三个方面的内容。

第一，从"数据"维度展开，数字空间 I 到数字空间 II 的演变过程通过整合多维数据形成新复合信息的方式，完成了潜在新知识的发现，从而形成了"原始信息…原始数据…新数据…新信息…新知识"①的完整数据生产链条，实现了"提取信息—整合数据—发掘知识"的螺旋式上升闭环。空间数字化完成的是这一闭环后两个环节的内容：在数据整

---

① 这里借鉴了马克思资本循环公式的写法，将数据采集、整理和加工的过程定义为数据的生产过程，以符号"…"表示。

合方面，企业产生的数据不仅包含面对自身不同的业务领域和价值链环节，同时也涉及其在生产、分配、交换、消费环节中与其上下游企业和其他商业伙伴间的关系。[①] 在空间数字化进程中，这些兼具广度与深度、时间与空间、横向和纵向特点，通过平台的泛在连接、算法的整合和算力的赋能，形成新的维度、新的意义、新的结构上的新场景、新信息，从而为后续数据的加工与应用打下基础。在发现潜在知识方面，包含新信息的整合后的数据，通过人工智能技术加以相关关系的深入挖掘和脑力劳动者的因果推断，更好实现企业在生产效率、生产质量、商品适销对路上的绩效，并更好改进用户端的消费体验。

第二，从"算法"维度展开，数字空间 I 到数字空间 II 的演变过程通过以下三个方面的优化，实现了空间数字化进程中对现实经济活动全领域、各环节的场景化重构。一是行业知识的编码再造。算法的发展高效地解决了这一问题。经由新数据、新信息加工形成的新知识，可以通过统一的程序语言将其编码化，并以代码、软件等形式予以呈现。这一方面为新知识的规模化应用提供了良好条件，另一方面也帮助实现了平台算法的优化迭代，实现全平台数据处理效能的提升。二是商品生产过程的优化再造。对数据商品的知识化、结构化再造，有利于形成商品生产过程中新的生产资料（Pm）与劳动力（A）的潜在合意比例，从而提升商品生产过程的质效，并进而影响整条产业链上下游企业生产协同方

[①]　李晓华：《制造业的数实融合：表现、机制与对策》，《改革与战略》2022 年第 5 期。

式的改变。三是商业模式的创新再造。在平台算法的驱动下，商品对市场中个性化需求的响应更为敏感，从而形成更为适销对路的小批量乃至个性化定制的商业模式，进而带动流通领域的精细化变革。

第三，从"算力"维度展开，数字技术日益作为一种重要的生产工具，实现着劳动者就业的创造与替代。[①] 这一点马克思有颇为精辟的表述，即"单个人的劳动在它（指发展为自动化过程的劳动资料的生产力——作者注）的直接存在中已成为被扬弃的个别劳动，即成为社会劳动。于是，这种生产方式的另一个基础也消失了"[②]。一方面，过去从事标准化、流水线式重复具体劳动的"局部工人"，其职能将由计算机和人工智能取代，使得"工人不再是生产过程的主要当事者，而是站在生产过程的旁边"[③]；另一方面，围绕着"数据链"展开的产业化进程将成为就业创造的新赛道，劳动者将转而从事包括数据采集、数据加工、数据研究等在内的具体劳动，在形成独立的数字劳动部门的同时也嵌入其他传统的劳动部门中去。这与工业革命时期的技术扩散逻辑是内在一致的，即数字技术的应用"在应用它的劳动部门必然排挤工人，但是它能引起其他劳动部门就业的增加"。[④]

---

① 胡拥军、关乐宁：《数字经济的就业创造效应与就业替代效应探究》，《改革》2022 年第 4 期。

② 马克思、恩格斯：《马克思恩格斯文集》第 8 卷，人民出版社 2009 年版，第 201 页。

③ 马克思、恩格斯：《马克思恩格斯全集》第 46 卷（下册），人民出版社 1980 年版，第 218 页。

④ 马克思：《资本论》第 1 卷，人民出版社 2018 年版，第 509 页。

三、从数字空间 II 到物理空间 II：空间智能化

从数字空间 II 到物理空间 II 是空间智能化阶段，这一阶段是数实融合的实现阶段。它面向虚拟数字空间的数据加工过程，是数字空间作用于物理空间使之发生跃迁的"惊险的跳跃"。在数字经济以前，人类的决策行为大多受到"有限理性"的支配，这其中的一大重要原因在于人类难以获取决策所需的全部信息，且处理信息的能力有限。[1] 而数字经济是实现规模经济的一种全新形式，它可以通过规模化数据驱动经济活动的规模化，以及通过数字技术的系统集成驱动现实经济活动的智能化、精准化，从而在对社会关系的全面塑造和对生产资料的聚合与控制中，实现虚拟数字空间赋能于现实物理空间的"数实融合"进程。

这种空间智能化的发展，主要可以体现为三个层次。

第一，数据要素与传统生产要素的融合。国务院前总理刘鹤曾经指出："当前互联网发展跃升到全面渗透、跨界融合的新阶段，数字技术深度改造生产函数并不断创造新业态。"[2] 数据的规模化生产与现实经济规模化发展的需要密不可分。作为一种生产要素，数据具有其他传统要素不可替代的通用性和可度量性，特别是可以在不损失其通用性的前提下，将各类经济活动、劳动过程中所产生的质性信息都放入数据载体中，这使得数据要素一方面能够在其他传统生产要素投入不变的情况下，通过

---

[1] Hebert A. Simon, "Theories of Bounded Rationality," *Decision and Organization,* Vol.1, No.1, pp.161—176, 1972.

[2] 《2021 年世界互联网乌镇峰会开幕　刘鹤宣读习近平主席贺信并致辞》,《人民日报》2021 年 9 月 27 日。

改变其他生产要素的组合比例来改变实际商品的结构、质量和性能，建立了通过"虚拟且抽象的量的变化"带动"实际且具象的质的变化"的可行方案。这种让等量生产要素发挥更大作用、形成更大产出的"降本增效"作用，使得"产业数字化"得以自然形成。另一方面，伴随现实经济活动对数据要素规模化的需要日益迫切，数据要素的生产也逐渐成为了一个独立的产业部门，并以其他传统生产要素（如资本、技术、劳动力等）的投入为支撑，这也进而形成了"数字产业化"的发展通路。

第二，数字技术与传统技术的融合。与马克思《资本论》中论述资本主义生产方式，是在现实物理空间中以商品或货币资本形态的增殖或转换来刻画资本主义发展过程相比，数字技术对当今生产方式变革的最大不同，在于其既非直接作用于某种资本形态，也非直接作用于某个生产或流通过程，而是渗透于产业循环全链条，对包括资本形态和生产流通过程在内的各环节，以某种计算好的合意比例，实现产业循环过程的再造。这意味着从产业资本循环公式：$G—W\cdots P\cdots W'—G'$ 来看，产业资本循环中货币资本 G、商品资本 W 或生产资本 P 都不能直接反映数字技术对价值增殖的影响，而是直接体现于对流通过程"—"和生产过程"$\cdots$"的再造[①]。数实融合的过程中，数字技术与制造技术不仅仅是

① 这句话表明，数字技术的赋能作用可能是通过对机器设备的性能改造等方式来实现产业资本的增殖，机器设备等现实物理空间中的技术创新是直接作用并体现在产业资本循环中的，而数字技术只起到了间接作用。在产业资本循环中，数字技术的直接作用，主要在于对生产流程、流通运输过程的环节再造以及对产业资本循环全链条资本合意比例的计算确定等，因而并不直接体现在循环公式的增殖结果上。

静态的相互融合，即在生产设备中融入数字技术以实现其自动化和智能化，或是将编码化后的专利、知识内嵌于系统程序或平台算法中，形成对生产和流通全流程的数字化监测和改造，而且算法、算力与规模化数据的有机结合所形成的节点还可以为企业、行业、产业、区域、国家，甚至理论上在更大空间范围内的现实生产和流通过程提供动态协调的解决方案，实现包括设施融合、流程融合、产品融合等在内的数实融合具体形态。[①] 数字技术成为一种泛在的解构现实经济活动复杂度的关键解决手段。

第三，数字空间驱动的适度超前的社会关系与现实物理空间存在的旧有社会关系的融合。当今社会对数据要素、数字技术的迫切需要也反映出当前现实经济活动规模化发展内涵的转变，即更加注重产业链和产业网络的社会化协同、更加注重生产要素资源的精准化集约利用、更加注重对社会需求浪潮的即时性动态把握。这深刻变革了旧有的社会生产关系，特别是以产业组织形态为核心领域的关系变革。在传统的现实经济活动中，生产组织形态大都以企业为中心，受制于企业内既有的设备能力和员工技术，企业在应对市场变化中的调整空间有限，使得企业在应对市场转型的过程中面临诸多困难。通过数字技术的赋能转型和数字平台的泛在链接，企业、设备、仓储、员工可以进行及时且广泛的按需匹配，从而灵活建立起以产品为中心、覆盖一定区域范围的分布式制造

---

① 李晓华：《制造业的数实融合：表现、机制与对策》，《改革与战略》2022 年第5 期。

产业线。这种数实融合将驱动现实物理空间中社会关系变革的三方面变化。（1）企业内部各领域的数实融合。数字技术可以融入制造企业生产经营活动的各方面，从部门间的业务流程再造、不同部门的数字化协同乃至劳动者与企业的雇佣关系、企业管理层级缩减等方面展开变革，实现以项目制为核心的数据交换、指令响应、操作执行等方面的项目化集成。（2）企业供应链和价值链全周期的数实融合。数字技术的发展推动了"产销一体"的更好融合，实现了供应链中生产端和消费端数智化的高效互联。通过场景的构建与重构，将顾客评估、选择、购买、接收、消费商品的全链条数据作为指导企业商品生产的重要依据，推动企业对包括开发设计、加工制造、产品分销、运营服务、回收处理等在内的产品生命周期进行重塑，从而在对顾客价值链解绑的过程中实现企业的价值创造和价值捕获，① 为生产者、消费者创造相适配的价值和使用价值。（3）产业链全生态的数实融合。产业链发展的更高形态是形成产业互联网，这是数字技术驱动下实现产业链集群多方协作共赢的最终结果。通过产业互联网"平台化"的信息互通、资源共享和数字新技术"智慧化"的集成赋能，产业互联网不仅可以丰富各个现实产业领域的创新应用场景，而且还能为各条产业链流程的优化再造、形成产业发展知识战略体系提供助力，从而更有效地转变经济发展方式、实现经济高质量发展。

① Theies S. Teixeira and Greg Piechota, *Unlocking the Customer Value Chain: How Decoupling Drives Consumer Disruption*, New York:Currency, 2019, pp.55—60.

上述三个阶段揭示了数实融合过程中，数字空间通过"数据化—数字化—智能化"进程实现现实物理空间中生产活动的量的合理增长和质的有效提升的理论机理。在这一过程中，"数字产业化"是数字经济的发展基础，在数字空间中实现数字技术和社会潜在生产关系的迭代创新，是数字经济的价值创造基础，需要在确保各类数字技术和数字基础设施的稳健和安全中发展。而"产业数字化"作为数字经济促进生产力和提升资源配置效率的主要表现，决定了数实融合在实体经济中的发展质量与发展能级，因而要在推动产业经济发展中实现数字技术价值创造功能的安全赋予和有效实现。两者共同形成了物理空间和数字空间"发展和安全"的融合闭环。这些都清晰表明，数实融合下的发展必然要统筹"发展和安全"，要在确保现实物理空间中产业资本循环不断裂、数字空间数据活动不失序的前提下实现两者在质量和效益上的互促共进。

第三节　数实深度融合的潜在安全风险：空间发展的视角

安全是实现数实深度融合稳定发展的内在保障，必须把数实深度融合的逻辑置于经济活动高度社会化的背景下加以考察。从空间形态的特征来看，虚拟形态的数字空间可以实现经济活动最为充分、最为多元的展开，这表现为一个数字空间内可以实现多组平行共存的潜在生产关系形态，从而为物理空间的生产关系重构、优化和发展提供强大的算法和算力支持。然而，伴随数字技术在实现数字经济高效运转的地位日益凸显，资本与数字技术的融合日益紧密，数字空间可能存在无序发展的潜在风险，进而严重制约数实深度融合。因此，在空间发展视域下厘清数实深度融合的安全逻辑，就有必要从空间形态发展的各阶段中提取存在异化可能的潜在风险。

一、空间数据化过程的潜在安全风险

空间数据化是推动数实深度融合的第一步。从物理空间 I 迈向数字空间 I 的过程中，物理空间 I 是数字空间 I 的"母体"，而数字空间 I 是完全基于物理空间 I 所形成的"数字孪生体"。因此，在空间数据化阶段，"所采集数据的真实性"是其安全逻辑的核心问题。信息是对现实世界的反映，而数据客观上只是一种信息的载体或表现形式。因此，数据采集背后的安全逻辑，源自于对数据采集过程中"采集来源—映射技术—采集效度"三个环节的全链条考察。

第一，数据采集信源的可信性。原始数据更多地表现为一种"天然的劳动对象"，它提取自现实物理空间各类生产活动产生的信息。如果数据只是一个"观念上的对象"，并非直接来自现实生产活动，那么当它再被单独还原为某一信息片段时，在未经处理重组的条件下，它指导现实经济活动的效度将大大降低。因此，作为一项必要条件，信源的可信性是数据采集真实性的保障。

第二，数据采集技术的可靠性。数据采集技术的可靠性主要体现为三点。一是在深度层面决定了所提取原始数据的准确性、精确性，即在信息的某一独立维度上提取出对现实经济信息还原度最高的数据。二是在广度层面决定数据采集的完整性，即以通过尽可能多维度的数据呈现，减少应采集数据与实际采集数据之间的差异。三是在时效度层面决定数据采集的即时性，即确保一个数据在信息源头采集后会被立即存储和加工呈现，以确保对现实生产活动的实时监测。

第三，数据采集的非冗余性。数据的无效采集和重复采集不仅会加剧数据存储设施的负担，而且也会干扰数据采集的全面性和关联性，即可能在对现实经济活动的数据化投射中遗漏重要维度，同时也会在后续的数据处理和加工过程中干扰对不同数据集间相关性的因果推断，从而限制对现实物理空间社会关系的高效重构。

这三个环节表明，一旦上述任何一个环节出现偏差，就将对数字空间 I 中"数字孪生体"的准确形成构成严重影响，进而导致后续的算法算力的无效工作。可见，空间数据化过程居于整个数实融合的基础性地位，但同时它的准确性直接关乎数实深度融合的正常运行，其重要性可见一斑。

二、空间数字化过程的潜在安全风险

空间数字化是数实深度融合的第二阶段，即数字空间 I 迈向数字空间 II 的过程，也是数字空间对现有社会关系进行系统性重构的关键阶段，集中体现了数字技术的发展水平。这一阶段是资本与数字经济高度融合的阶段，一旦资本开始以某种权力逻辑主导数字技术影响数字空间的发展流向，空间数字化过程中可能存在被资本异化加重剥削的问题。因此，在空间数字化阶段，"资本异化"是厘清其安全逻辑的核心问题。这其中，空间数字化的无序发展是表征，资本的无序扩张是实质，背后暗含了资本对空间权力的垄断以及资本导致技术滥用这两大方面的安全问题。

第一，资本对空间权力的垄断风险。空间数字化的过程，实质是将数据作为一种投入要素，经过加工生成符合特定目的要求的数据产品或数据服务，从而实现经济空间的发展和开拓的过程。在这一过程中，资本通过对数据产品或数据服务的商品化占有剩余价值，形成了数字资本内在增殖逻辑。① 随着资本逐利性和数据规模化、资源化进程的加速演进，数字资本利用其数据积累和数字技术的效率优势同短周期、快周转、对数据信息高度依赖的金融行业相互依存，形成基于技术优势、平台优势、数据优势的数字资本金融化。这虽然也促进了数字资本在细分场景、风险控制、运营管理、销售支持、商业模式创新等方面的运转和利用效率，但同时也暗含了脱离了现实物理空间的经济活动，借由新衍生的数字平台进一步独立化、虚拟化扩张，② 导致数字空间唯资本逐利逻辑的无序发展。在这种情形下，借助资本掌握数据、掌握数字技术底层逻辑的一方，垄断了制定数字空间发展规则、主导数字空间发展话语的权利，"数据至上"成为资本借由数字空间垄断所形成的新的权力表达形式，使得参与其中的其他个体造成其可预见的权利剥夺。

第二，算法快速发展带来的技术滥用风险。在数字资源化、要素

① 朱巧玲、杨剑刚：《数字资本演化路径、无序扩张与应对策略》，《政治经济学报》2022 年第 22 卷。

② 吴欢：《数字资本论析：结构特征与运动路径》，《经济学家》2021 年第 3 期。

化进程快速推进的背景下，数字技术的进步和创新成为不同互联网数字平台争夺数据资源、形成竞争优势的核心所在。在这一过程中，用户在数字平台中的个体能动性同平台这一"公共体"之间会产生一定的互动关系。平台公共性与个体能动性得以有效维系的必要条件在于包括算法在内的数字技术的合理规制和使用。如果复杂算法的滥用是以抹杀公共与隐私的界限、生存与生活的界限为代价来最大化榨取个体的价值，那么将给经济社会的安全有序运行带来重大挑战。这其中具体包括三方面安全隐患。一是数字平台通过算法技术对劳动者或平台用户进行信息控制，将劳动者的劳动强度和劳动过程程式化，通过劳动异化导致社会生产关系的扭曲；[1] 二是平台算法对不同用户的消费需求进行包括"大数据杀熟"在内的隐性歧视，[2] 从而扭曲消费者正常的消费行为；三是平台算法非法获取用户信息和上网数据等在内的数字技术滥用风险。[3]

可见，这一阶段是资本逻辑的集中体现，资本与数字经济的结合方式，直接影响着数实深度融合的最终效能和人的获得感。在生产资料私有制条件下，资本对数字空间的权力垄断存在对其他参与主体价值剥夺

---

[1]　王宝珠、王朝科、王利云：《数字平台空间下的劳动过程分析——一个比较的视角》，《教学与研究》2022 年第 7 期。

[2]　郎唯群：《平台经济的公平与效率——以外卖骑手为例》，《社会科学动态》2021 年第 4 期。

[3]　乔晓楠、郗艳萍：《数字经济与资本主义生产方式的重塑——一个政治经济学的视角》，《当代经济研究》2019 年第 5 期。

的风险，而技术滥用则可能以其他参与主体的生存权利、隐私权利为代价，成为加剧这一价值剥夺的"工具"。

三、空间智能化过程的潜在安全风险

空间智能化是数实深度融合的第三阶段，即数字空间 II 迈向物理空间 II 的实现阶段。"人"的问题在这一阶段得以凸显：如何实现数字空间和物理空间的现实贯通，如何规制与调和重构的数字空间落地现实所需面对的伦理冲突，形成了空间智能化阶段"效率效度"与"人文温度"间的矛盾。因此，在这一阶段，"秩序构建"是厘清其安全逻辑的核心问题。

第一，数字空间的超前发展难以适配现实物理空间发展的泡沫化风险，即能否落地的风险。从理论上看，数字空间所能达到的最终发展目标，是形成并实现既有各个层次（如星际①、国际、国家、区域、产业、企业等）算力支持范围下，全社会要素资源的最大化汲取、集聚、整合、流通的一整套系统集成的生产组织体系。但在当前及今后的一段时间，特别是量子通信技术尚未成熟之前，以光速为上限的编码传输效率仍将是人类科学技术的"天花板"。这意味着，由技术驱动的空间压缩有其上限，这使得资本的流动必然会受到空间的阻碍，从而约束其在现实物理空间中要素聚合能力的实现。同时，现实物理空间中各类

---

① 现有量子信息技术在远距离量子通信方面正在快速发展，如 2016 年 8 月发射的量子科学实验卫星"墨子号"，已同"京沪干线"等千公里级光纤城际量子通信网络一道，共同构成了天地一体化广域量子通信网络雏形。详情可参见潘建伟：《量子科技：飞向未来的船与帆》，《文汇报》2020 年 10 月 25 日。

自然条件、社会环境条件的约束也会限制数字空间超前发展的实现程度。因此，数字技术驱动下的要素聚合能力有其技术上限。以对数字空间的社会关系重构和塑造功能的理想化设想为基础开展的资本投机，只会徒增虚拟资本泡沫化风险，反而可能会限制数字空间发展的技术条件。

第二，数实融合背后的"虚拟—现实"的异化风险。数字经济的快速发展使得其与传统产业之间的边界日益模糊，也使得虚拟数字空间与现实物理空间之间的边界也在不断打破，这也给新的社会秩序和行为规则的构建带来挑战，主要表现为数字技术设计的普遍公平性和可访问性的实现差异所带来的技术公平风险，使得人们对数字技术本身或是相关数字技术应用可能导致的空间经济秩序异变，容易形成认知恐慌。恩格斯曾说过："当阿拉伯人学蒸馏酒精的时候，他们做梦也不会想到，他们由此而制造出来的东西成了使当时还没有被发现的美洲的土著居民灭绝的主要工具之一。"[①] 数字技术具有较高的认知门槛，且这一门槛伴随技术的快速发展不断上升，这使得掌握数字技术的资本家和技术人员具有控制数字空间发展流向的能力。在资本逐利属性引导下，这种垄断可能会忽视现实生产力和生产关系的现状，从而异化数字技术的原有发展目的，成为异化人类劳动乃至社会人文伦理秩序的工具。

综上所述，伴随物理空间和数字空间不同阶段的交互作用，数实深

---

① 马克思、恩格斯:《马克思恩格斯全集》第20卷，人民出版社1971年版，第520页。

度融合的安全逻辑，从空间数据化的"技术保真风险"到空间数字化的"资本异化风险"，最终落脚到空间智能化下的"秩序构建风险"，事实上正是数实深度融合进程中的"灵魂三问"：数字技术如何服务社会？数字资本如何更好地发展社会？数实融合能否建构一个完善的价值秩序？这背后，其实质还是"人的主体性"与"资本异化"间的博弈，核心线索依然是如何实现"服务人—异化人—反异化人—服务人"的安全逻辑闭环。数智化背景下的数实融合，起点在人，落脚点依然在人，实现过程在于以人的主体性为基础的社会化协作。因此，实现数实的深度融合要具备三个安全前提：（1）必须是借由数字空间的探索拓展和丰富现实的社会关系；（2）必须是丰富人的生命体验而非异化为数字空间的"局部工人"；（3）必须构建物理空间与数字空间二者价值秩序的有序衔接。

第四节　统筹数实深度融合发展和安全的体系建构

前述分析阐明了数实融合的空间发展内涵，即数字空间在以数字技术为核心的内生驱动下，通过以时间消灭空间的方式实现要素资源触达范围最大化、以空间压缩实现要素集聚、以重构社会生产关系优化资源配置，最终实现现实物理空间经济发展效能的质的提升。但在空间发展的过程中可能出现的技术保真、资本异化和秩序构建风险，也提示我们在关注数字技术的快速发展之外，良善的空间治理环境之于数实融合的重要性。数字技术驱动着社会生产关系和制度环境的变化，同时制度性环境与历史发展轨迹也引导着数字技术的发展走向，[①] 进而深刻影响虚拟数字空间和现实物理空间的关系发展走向。这需要我们以统筹"发展和安全"为准绳，更好构建并完善实现数实深度融合的空间治理体系。

党的十八大以来，党中央、国务院高度重视数字经济发展和数实融合的稳健推进。在发展层面的设计上，我国先后部署推进宽带中国、网络中国、数字中国等发展战略，以信息和数字基础设施的建设和发展为抓手，不断推动信息技术、数字技术在全社会各领域的扩散渗透，为数实融合发展提供了有力支持。然而目前，我国数实融合的发展尚处早期，战略引导、政策推动和市场驱动的"三轮驱动"协同的经济生态系统还在萌芽和形成阶段，仍有待通过支持性和保障性条件并举进一步建设和支持数实融合的安全发展，通过防范化解空间发展过程中制约数实深度融合的各类潜在风险，更好推动数字经济和实体经济的内在韧性、稳健发展、高度协同。

一、以数字政策体系支持数实融合发展生态的一体化构建

经济活动都不是孤立存在的，而是一个动态的周而复始的循环过程。数实融合作为产业资本循环的一种新的发展形式，其一大重要特征就在于数字化要素协同共享模式对于要素链、价值链、供应链、产业链的打通作用和对实体经济生产、分配、交换、消费各环节的有机衔接和有序循环流转。这对于我国加快构建以畅通国民经济循环为主体的新发

---

① 曼纽尔·卡斯特：《网络社会的崛起》，夏铸九、王志弘等译，社会科学文献出版社 2001 年版，第 94 页。

展格局，实现经济高质量发展具有重要意义，也有利于以良性有序的市场规则环境来化解资本控制和异化下的空间权力垄断、信息和技术控制等一系列潜在风险。为此，须以有效的法律和政策体系支持驱动数实融合发展生态的一体化构建。

一是支持打通数据共享壁垒。数据共享是数实融合的核心内容。数据载体的天然属性决定了其可以不断突破地域、组织、技术边界，实现传统经济发展单点、局部、静态的资源配置模式向多点、全部、动态优化配置的方向演进。2022 年，我国数字经济比重占到 GDP 总量的39.8%，其中 80% 来自产业数字化，这与我国超大规模市场优势与相对完备的工业体系所带来的海量数据和应用场景密不可分。要发挥这一天然优势，一方面，要率先从政务、交通、文旅、医疗、环保等数据资源丰富的公共服务领域入手打通数据共享的难点和堵点，推动以数据驱动下更好质量、更低成本的生产服务决策，激发全社会价值创造的更多活力；另一方面，要在切实保护用户隐私数据的前提下推进企业间平台消费数据共享，以"产销一体"为引领形成本地生活服务的数据闭环，推动商业价值的更好挖掘。

二是支持打通人力共享壁垒。人力共享是数实融合的价值创造源泉。数字平台对劳动力的泛在链接和精准配置是数实融合发展的另一大趋势。这在很大程度上解决了企业柔性用工、灵活用工的需要，但同时也打破了传统的雇主与劳动者之间的雇佣关系，对灵活就业者、短期合同工、多点执业者等"零工经济"新型劳动业态的权益保障提出了更高要求。因此，一方面要进一步明确"零工经济"的劳动法律关系，尽快完善零工劳动者劳动关系的法律界定，另一方面要建立健全灵活完善的劳动保障体系，继续完善公共福利体系，在社会保障政策设计上设置与零工劳动者相适应的社保准入门槛，并为零工经济引入多元主体的社保缴纳方式，为零工劳动者参保和社保接续提供便利。

三是支持打通生产能力共享壁垒。生产能力共享是数实融合的发展动力，也是实现虚拟数字空间生产关系赋能与现实物理空间生产制造能力匹配的题中应有之义。因此，要积极推进产业互联网建设，依托政策支持实现不同产业上下游资源数据的数字化整合，依托产业数字平台的大数据匹配，深化网络化协同制造、云端制造等新型生产模式，实现产能组织、库存清理、风险控制等全链条数字化赋能，从而让大企业依托产业互联网平台，与更多服务需求方、资源供给方、利益相关方紧密互动、彼此赋能，并与其他各类企业，特别是中小企业共享技术、资源和能力，最终实现以产业生态为核心的价值共创。

二、以数字技术体系支持数实融合技术生态的多元化发展

数字经济是在数字技术驱动下展开的，数字核心技术的"发展和安全"对于促进我国数实融合的高质量发展尤为重要。习近平总书记曾指出，"核心技术是我们最大的'命门'，核心技术受制于人是我们最大的隐患"[1]，可见，切实提高数字技术基础研发、采集、应用能力和数字基

---

[1] 习近平：《在网络安全和信息化工作座谈会上的讲话》，人民出版社2016年版，第10页。

础设施的链接能力，对于提升数字技术改造生产和流通全流程各环节的精度和效能，推进数字空间资源汲取和分配能力的进一步提升，防范化解因数字技术受制于人导致的采集失真、应用失准等数字空间构建难在内的数字经济重大发展风险具有重要意义。

一是要在技术层面，推进"以数强实"的数字技术能力建设。所谓"以数强实"，就是通过数字技术实现企业在促进创新、降本增效、深化分工、社会协同等方面的作用。一方面，要高水平建设数字基础设施。数字基础设施是产业数字化的底座，要充分发挥数字基础设施的"头雁效应"，实现"人—机—物"的互联互通。围绕数字经济的发展要件，通过算力基础设施建设、重点行业高质量数据集建设、工业互联网安全态势感知平台和风险预警平台建设带动"算网协同发展"，推动传统基础设施的数字化智能化改造。另一方面，要补齐数字技术基础研发和关键技术应用的短板。数字技术的应用实践，离不开相关理论的建构与发展，而伴随社会协同分工的深化发展，知识生产的逻辑也开始从过去的单点局部的创造向社会合作、整体建构的方向展开。这与数字经济的内在发展逻辑高度吻合。因此，要构建协同合作的知识服务平台，加强"信息提取—数据处理—知识建构"的"三位一体"产学研协同，推进现实社会关系的挖掘和多领域跨空间的融合，更好勾绘产业链、供应链的知识图谱，打造更具发展活力的数字技术创新应用体系。

二是要在场景层面，建立基于融合业态的全场景建构，孕育数实融合新空间。虚拟现实、增强现实、混合现实、物联网等技术的交叉融合，使得在虚拟数字空间和现实物理空间之间，还日渐形成一种新型的人机共融空间。这种通过虚实交互来实现虚实融合的"类元宇宙场景"，在社交功能、传媒影视、情感陪伴、消费延伸、文旅体验等方面塑造了更为多样的数据空间模态。要发挥新型类元宇宙场景引领传统生产消费场景转型的积极作用，以数字化服务创新带动广范围、高水平、深层次的产业数字化变革，实现场景"存量重构"与"增量塑造"相结合的应用发展，构建数字经济产业与传统产业的融合生态圈。

三是要在生态层面，以数字产业化和产业数字化的协同发展，更好推进数实融合共生进程。从空间发展逻辑来看，数实融合是数字产业化和产业数字化双轮驱动的连接点，前者推动核心技术攻关，后者推动传统企业的数字化、自动化、智能化的改造升级，最终实现产业互联网的落地和深化。[①] 在这一层面，数字技术不再单纯只是服务企业或产业发展的生产工具，更是构建产业新生态和社会协作新模式的底层支持工具，不仅能为利益相关者的价值共创提供应用场景，也能促进产业互联网生态内不同主体共同愿景的达成，进而通过连接红利和跨界协同实现生态优化。[②] 然而，尽管我国数字产业化已有了长足发展，但产业数字化进程仍受制于关键核心技术、信息基础设施等技术短板，企业数字

---

① 欧阳日辉：《数实融合的理论机理：典型事实与政策建议》，《改革与战略》2022年第5期。

② 李晓华：《数字经济新特征与数字经济新动能的形成机制》，《改革》2019年第11期。

化转型成本较高，泛在的数字化生态体系尚未得到建立。① 因此，一方面，要实现数字技术的普惠化，打造互信、包容、开放的数字生态环境和互利共赢的数字生态的技术基础；另一方面，提升数字生态的赋能能力，通过数字平台的技术创新迭代能力的提升，形成各类型企业"平台对接—场景赋能—应用融合—开放合作"的全链条发展体系，更好发挥产业数字化的规模优势，实现其与数字产业化的协同发展、互促发展。

三、以优化数字治理方案保障数实融合安全生态的稳定运行

数实融合对基础研发、产销活动、社会协作分工等领域的全面重塑也在重构现实经济社会发展的秩序规则，并日益挑战传统治理观念和模式。这其中，数字技术的快速迭代、产业边界与治理边界的消融成为推进数实融合治理进程对政府与市场公共治理边界变化的最大风险挑战。一方面，数字技术应用日益社会化、连接的日益泛在化、颗粒化数据的可得性，打破了过去企业决策行为的盲目性和不可预见性。通过大型平台和数据类企业实时精准的"全局"数据，有助于企业获得更强大的预见能力。这为打破现有政治经济学假定中"私人劳动盲目性与社会劳动比例性"的市场预设，进而重塑政府与市场之间的公共治理边界，提供了技术上的可行条件。另一方面，伴随数字平台规模的日益扩大，它的市场控制力和社会影响力也在相应扩大，平台大而管不了、商品商户和

---

① 国家信息中心：《"十四五"数字经济与实体经济融合发展亟待破解五大难题》，中华人民共和国国家发展和改革委员会网，https://www.ndrc.gov.cn/wsdwhfz/202204/t20220413_1321995.html，2022 年 4 月 13 日。

服务更新快而跟不上、平台利益关联深而看不透、商业模式迭代新而看不懂的问题日益显现，"人的能动性"日益被快速建构和重构的网络化社会关系掩盖和异化。这都给政府如何实现灵活高效治理，有效应对数实融合进程中的安全风险带来新的课题和挑战。

发展中的问题应该用发展的办法来解决。这其中主要包含了三个核心问题：（1）数字技术门槛带来的技术垄断限制，即技术为谁所有、为谁所用的问题；（2）价值创造归属导致的技术异化和劳动异化问题；（3）数实融合环境下新的人文伦理秩序体系构建问题。围绕这三个主要问题，我们分别提出三方面可行思路。

第一，政府要通过数字共治，实现权力的数字技术监督与数字技术的权力监督相统一。技术是中性的，但它在不同制度的导引下会起到对经济社会的不同作用。传统政府的要素汲取能力和方式，显然无法适应数字技术灵活高效、规模化泛在的特征。因此，只有加强建设数字政府，积极应用数字技术实现"协同化治理、在线化服务和精准化决策"，才是适应市场发展变化的必由之路。一方面，政府治理手段逐步向数字技术共用、公共数据共享迈进，借助数字技术赋能，提高政府与市场双向互动、线上线下更好融合、服务时间与服务范围更广覆盖的能力，建立市场方、平台方、政府方的协商议事、协同治理机制，从而在主动服务、精准服务、协同服务、智慧服务中为数实融合创造更好的营商环境，让政府监管权力的行使更好地接受来自市场主体的监督。另一方面，政府要更加聚焦公共数据整合和开发利用的能力，在"一网通办、一网统管"的基础上提升数据驱动下的宏观决策、经济运行、社会治理能力，强化网络信息服务、网络安全保护、数据治理、平台服务等方面制度规范的更好建立，实现数字技术对权力行使效能的更好提升。

第二，大力加强人才数字素养的教育普及，以"采集数据—加工数据—流通数据"的"数据链"发展规律，构建符合新形势新环境新趋势的人才培养体系。数字技术门槛客观存在的一个重要原因，就是当前我国数字化转型人才供需的尖锐矛盾。2020 年中国数字化人才缺口近 1100 万人，[①] 其中数字化和产业技能的复合人才更为紧缺。数字素养的培养普及和产业化导向导引，将有助于增加市场技术性人才供给的同时，推动技术构造逻辑的透明化、技术创新的更快普及化，进而加快我国数字化赋能高质量发展进程。一方面，政府要加强对数字化人才培养的统筹规划和财政支持，及时发布并更新数字化职业新标准、改进高校数字化人才方式、推动高校和职业院校在数据提取技能、商业场景认知等层面的系统化课程培育设置，提高数字化人才的培养效能。另一方面，要加快推动校企合作和"产学研政"四方联动，在数字技术迭代驱动下形成市场"产业链、供应链、价值链"与高校和科研机构基于"数据链、知识链"研究成果的有机融合，进一步提高全社会的数字思维、数字技能和数字素养。

第三，从数字技术和人文伦理两个层面积极构建数字治理的"人

---

① 何宪：《加快数字化人才队伍建设的思考》，中工网，https://www.workercn.cn/c/2022-08-08/7128195.shtml，2022 年 8 月 8 日。

本向度"。在数字技术层面，要提升各类主体的网络、信息、数字安全的防御能力，在探索更大范围内区块链、隐私计算等技术的融合应用的基础上，强化对商用密码、涉密数据、个人隐私信息等数据的分级分类保护，[①] 确保事关个人和市场主体核心利益的数据信息不被非法获取或利用。在人文伦理层面，要构建以安全和责任为前提、正义与发展相互交融为价值引领的伦理规范框架，[②] 积极推进科学精神与人文精神高度融合，避免数字技术和数字空间的非理性崇拜形成新形式的"数字拜物教"，从而将各领域劳动者的数字劳动异化为受数字技术主导、数字空间依赖的产物，在数实融合发展过程中积极凸显人本身的主体性价值。

四、统筹数实深度融合的发展和安全：上海实践

《上海市全面推进城市数字化转型"十四五"规划》指出："全面推进城市数字化转型，是践行'人民城市人民建，人民城市为人民'重要理念，巩固提升城市核心竞争力和软实力的关键之举。"以统筹"发展和安全"为主线，上海立足自身数字基础设施建设水平全国占优、计算平台和区块链技术全国领先、虚拟现实技术企业本土集聚、数字化人才培育平台优势显著等有利条件，在积极推动城市全方位数字化转

---

① 新华网、中国电子信息产业发展研究院：《数字经济和实体经济融合发展报告（2022）》，新华网，https://tjdsj.tjcac.gov.cn/XXFB0/WXDT137445/202211/t20221129_6046024.html，2022 年 11 月 29 日。

② 王璐瑶：《数字空间：伦理隐忧与风险治理》，《中国社会科学报》2022 年 1 月 4 日。

型的同时建立与超大城市发展相适应的大安全格局，在政府、市场、社会"多元共治"的"城市数治"体系下，构建起数实深度融合的"国际数字之都"建设基本框架，初步形成了一套较为完整的本土化政策实践体系。

第一，以政府与市场"和弦共振"，构建适应数实融合发展需要的数字政策体系。立足数实融合以虚促实、以虚强实的价值导向和数字经济群智赋能、跨界融合的基本特征，上海积极发挥市场在资源配置中的决定性作用、更好发挥政府作用，围绕数字新产业、数据新要素、数字新基建、智能新终端等四方面重点领域，锚定本市产业发展需要和科技发展规律，以具体产业任务和科技工程落地见效为目标开展规划布局和政策制订，形成以"科学家判断技术前景、企业家发现市场需求、市场验证赛道价值、政府营造发展环境"[①]的指导思想、工作方法和职能分工，持续深化服务型政府角色，更加强化市场在数实融合发展中的主导地位，主动适应数实融合的内在演进规律，以政府和市场的更好协同探索推动上海实体经济发展内在韧性不断强化的新路径。

第二，以技术与制度"双轮驱动"，推动形成支持数实融合发展的数字技术支撑体系。一方面，以"十四五"规划为引领，上海将"元宇宙"作为数实融合新赛道布局的切入口，以数字产业需要驱动数字

[①] 《上海市人民政府办公厅关于印发〈上海市数字经济发展"十四五"规划〉的通知》，上海城市数字化转型网，https://dt.sheitc.sh.gov.cn/szzc/2075.jhtml，2022 年 6 月 13 日。

技术发展，先后陆续出台《推进上海经济数字化转型　赋能高质量发展行动方案（2021—2023）》[①]《上海市培育"元宇宙"新赛道行动方案（2022—2025 年）》[②]《上海市促进智能终端产业高质量发展行动方案（2022—2025 年）》[③] 等若干方向的政策行动方案，在制度层面着力从需求侧拓展数实融合消费新空间、从治理侧打造城市级数实融合智能治理协同系统、从供给侧塑造数实融合制造新形态、从技术侧支持数实融合所需创新要素的集聚整合，[④] 以数字化转型不断提高经济发展质量，助力城市能级的持续提升。另一方面，依托上海在数字基础设施、数据资源利用效率、产业数字化能级、数字公共服务体系等领域先行先试的优势，上海进一步出台包括生产性互联网服务平台、推进算力资源统一调度、区块链技术赋能可信供应链等领域的具体实施意见，从组织保障、资金支持、发展环境、管理水平、安全体系等若干方面给予支持，在制度上支持数字技术做强、做大、做专、做优化，更好实现数字技术服务化、融合化、体系化。

[①] 《推进上海经济数字化转型　赋能高质量发展行动方案（2021—2023 年）》，上海城市数字化转型网，https://dt.sheitc.sh.gov.cn/szzc/596.jhtml，2021 年 8 月 12 日。

[②] 《上海市培育"元宇宙"新赛道行动方案》，上海市人民政府网，https://www.shanghai.gov.cn/202214bgtwj/20220720/90aa73b046464b9c8799ef2339026d7d.html，最后访问时间：2023 年 8 月 12 日。

[③] 《上海市人民政府办公厅关于印发促进绿色低碳产业发展、培育"元宇宙"新赛道、促进智能终端产业高质量发展等行动方案的通知》，上海城市数字化转型网，https://dt.sheitc.sh.gov.cn/szzc/2076.jhtml，2022 年 8 月 10 日。

[④] 沈开艳主编：《上海蓝皮书：上海经济发展报告（2023）》，社会科学文献出版社 2023 年版，第 30—31 页。

第三，以效率与温度"兼容并蓄"，打造符合数实融合人本导向的数字治理体系。上海把"在发展中规范、在规范中发展"作为构建数字治理体系的主轴，在推进治理数字化转型过程中致力打造科学化、精细化、智慧化的超大城市"数治"新范式，以物联、数联、智联的数字基础设施着力构建智慧精细、以人为本、安全可靠、迭代优化、实战管用为主要特征的现代化治理体系。① 一方面，放眼全局视野，构建"一网统管"智能化城市治理体系。2021 年 6 月，上海正式上线全国首个超大城市运行数字体征系统，通过 32 个类别 1000 多项指标实现城市运行情况的全域覆盖、即时掌控，② 以数字化治理实现城市治理高效能。另一方面，扎根微观主体，构建"一网通办"便利化社会治理体系，彰显人本关怀。自 2018 年上海率先提出"一网通办"改革并正式上线运行以来，秉持"高效办成一件事""高效处置一件事"，上海依托数字技术对业务部门的流程再造，在企业层面不断拓展针对企业全周期、产业全链条的服务体系，通过人工智能分析、知识图谱建设、个性政策标签等技术手段整合公共资源信息、深化跨区域通办，在为市场主体提供"一站式、全业务"的交易服务，努力为企业营造包容开放、便利完备的服务体系。在市民层面，上海则依托市民主页、"随申码"等数字技术工

---

① 《推进治理数字化转型实现高效能治理行动方案》，上海市人民政府网：https://www.shanghai.gov.cn/nw12344/20220113/b4752dcf13764c06914b0475f5f4818a.html，2022 年 1 月 13 日。

② 《专栏|超大城市精细化治理，上海做对了什么？》，澎湃新闻网：https://www.thepaper.cn/newsDetail_forward_16387583，2022 年 1 月 21 日。

具不断提升个人事项服务的标准化、便利化、智能化、普惠化、适老化水平，让最广大市民群众少跑腿、易使用，实现更加精准便捷、更具极简体验的公共服务产品供给。①

---

① 《推进治理数字化转型实现高效能治理行动方案》，上海市人民政府网，https://www.shanghai.gov.cn/nw12344/20220113/b4752dcf13764c06914b0475f5f4818a.html，2022 年 1 月 13 日。

第五章

中国在统筹数字空间发展与安全中的独特优势

利用好中国在数字空间竞争中的独特优势，避免在竞争中损害国家发展的核心利益，回应世界各国在全球数字空间安全与发展问题上的利益诉求，是新时代中国式现代化战略布局的重要组成部分。作为数字大国，中国数字经济在总量结构、战略布局、技术创新、产业转型、制造优化等方面取得了新的进步与发展，国际影响力日益提升，正加快从数字经济国际规则接受者向参与者、贡献者转变。据《2023 中国数字经济发展研究报告》显示，2021 年中国数字经济规模约为 50.2 万亿元，位居世界第二，数字经济生产效率持续提升，数字经济全要素生产率提升至 1.75，"5G+工业互联网"主要专利数占全球 40%，保持全球领先地位。[①] 取得如此成就的关键在于，中国具有独特的政治优势、制度优势、产业优势和数据优势，为中国在数字空间整体规划、数字关键技术研发、数字基础设施全面建设和数字空间市场应用等方面奠定了坚实的基础。

[①] 中国信息通信研究院：《2023 中国数字经济发展白皮书》，http://www.caict.ac.cn/kxyj/qwfb/bps/202304/P020230427572038320317.pdf，2023 年 4 月 27 日。

第一节 政治优势：中国共产党的领导

正如习近平总书记所言，"我国拥有独特的制度优势，我们有党的坚强领导，有集中力量办大事的政治优势"①。这个政治优势是我国制度特有的"最大的优势"。数字空间的构建是一个庞大且复杂的集体工程，需要富有远见的顶层设计和一致性、连续性的法律政策配套。中国共产党领导所形成的从顶层设计到分级分类有序推进的发展模式以及具有一致性和连续性的自上而下的法律政策部署，为我国数字空间的整体规划和健康发展奠定了坚实的政策基础。

一、从顶层设计到分类分级有序推进的发展模式

坚持顶层设计到分类分级有序推进的发展模式是中国一直以来行稳致远的密钥。从顶层设计来看，顶层设计强调数字空间发展的全局意识和系统规划，要求合理调整各类生产要素在数字空间中的生产布局，最大限度调动数字劳动者的生产能力，保证数字空间的整体规划围绕核心理念、顶层目标所形成的关联、匹配，进行有机衔接和系统整合。从分类分级有序推进来看，数字空间的发展要围绕数字基础设施建设、数据管理体制机制建设、算力基础设施的区域布局、数字领域的国际合作等分重点、分层次逐步展开。

---

① 习近平：《习近平谈治国理政》第 3 卷，外文出版社 2020 年版，第 94 页。

党的十八大以来，以习近平同志为核心的党中央高度重视发展数字经济。党中央和国务院相继出台了多份重要文件，逐步形成了横向联动、纵向贯通的数字经济发展战略体系，从顶层为我国数字经济发展指明了前进方向、提供了根本遵循。在全局战略层面，《国家信息化发展战略纲要》《数字经济发展战略纲要》等重大战略纲要，明确了新时代数字中国建设的总目标和发展方向。在顶层设计层面，《"十三五"国家信息化规划》《"十四五"数字经济发展规划》《数字中国建设整体布局规划》等重要战略规划，明确数字中国建设发展的路线图和时间表。在重点领域层面，《数字乡村发展战略纲要》《数字交通发展规划纲要》《新一代人工智能发展规划》《国务院关于印发促进大数据发展行动纲要的通知》《国务院关于深化制造业与互联网融合发展的指导意见》《国务院办公厅关于促进平台经济规范健康发展的指导意见》等一系列具有重要指导意义的文件，围绕信息通信技术、制造业数字化、服务业数字化、农业数字化、数字产业化等融合创新发展和数字化转型进行了重要部署（见表 5-1）。

表 5-1　中国数字战略布局相关文件（部分）

时间	相关文件	重点内容
2015 年	《国务院关于印发促进大数据发展行动纲要的通知》	推动大数据发展和应用在未来 5—10 年逐步实现以下目标：打造精准治理、多方协作的社会治理新模式；建立运行平稳、安全高效的经济运行新机制；构建以人为本、惠及全民的民生服务新体系；开启大众创业、万众创新的创新驱动新格局；培育高端智能、新兴繁荣的产业发展新生态。

续表

时间	相关文件	重点内容
2016 年	《国务院关于深化制造业与互联网融合发展的指导意见》	巩固我国制造业大国地位、加快向制造强国迈进的核心驱动力。提出，到 2025 年，制造业与互联网融合发展迈上新台阶，融合"双创"体系基本完备，融合发展新模式广泛普及，新型制造体系基本形成，制造业综合竞争实力大幅提升。
2016 年	《中华人民共和国国民经济和社会发展第十三个五年规划纲要》	牢牢把握信息技术变革趋势，实施网络强国战略，加快建设数字中国，推动信息技术与经济社会发展深度融合，加快推动信息经济发展壮大。
2016 年	《国家信息化发展战略纲要》	规范和指导未来 10 年国家信息化发展的纲领性文件，是国家战略体系的重要组成部分，是信息化领域规划、政策制定的重要依据。
2016 年	《"十三五"国家信息化规划》	着力发挥信息化对经济社会发展的驱动引领作用，培育发展新动能，拓展网络经济空间，壮大网络信息等新兴消费，全面提升信息化应用水平。
2017 年	《新一代人工智能发展规划》	加快人工智能与经济、社会、国防深度融合为主线，以提升新一代人工智能科技创新能力为主攻方向，发展智能经济，建设智能社会。提出，2020 年人工智能总体技术和应用与世界先进水平同步；2025 年人工智能基础理论实现重大突破；2030 年人工智能理论、技术与应用总体达到世界领先水平。
2018 年	《数字经济发展战略纲要》	根据新形势对《2006—2020 年国家信息化发展战略》的调整和发展，是规范和指导未来 10 年国家信息化发展的纲领性文件。
2019 年	《数字乡村发展战略纲要》	把数字乡村摆在建设数字中国的重要位置，加强统筹协调、顶层设计、总体布局、整体推进和督促落实。提出，2020 年数字乡村建设取得初步进展；2025 年数字乡村建设取得重要进展；2035 年数字乡村建设取得长足进展；2050 年全面建成数字乡村，助力乡村全面振兴，全面实现农业强、农村美、农民富。
2019 年	《数字交通发展规划纲要》	促进先进信息技术与交通运输深度融合，有力支撑交通强国建设。提出，到 2025 年，交通运输基础设施和运载装备全要素、全周期的数字化升级迈出新步伐，数字化采集体系和网络化传输体系基本形成；到 2035 年，交通基础设施完成全要素、全周期数字化，天地一体的交通控制网基本形成，按需获取的即时出行服务广泛应用。

时间	相关文件	重点内容
2019 年	《国务院办公厅关于促进平台经济规范健康发展的指导意见》	推动建立健全适应平台经济发展特点的新型监管机制，着力营造公平竞争市场环境。通过优化完善市场准入条件，降低企业合规成本；创新监管理念和方式，实行包容审慎监管；鼓励发展平台经济新业态，加快培育新的增长点；优化平台经济发展环境，夯实新业态成长基础；切实保护平台经济参与者合法权益，强化平台经济发展法治保障等五个方面，促进平台经济规范健康发展。
2021 年	《"十四五"数字经济发展规划》	首部系统规划我国数字经济发展的国家级专项规划，坚持以数字化发展为导向，充分发挥我国海量数据、广阔市场空间和丰富应用场景优势，充分释放数据要素价值，激活数据要素潜能，以数据流促进生产、分配、流通、消费各个环节高效贯通，推动数据技术产品、应用范式、商业模式和体制机制协同创新。
2022 年	《计量发展规划（2021—2035 年）》	进一步夯实计量基础，提升计量能力和水平，全面开启计量事业发展新征程。提出，到 2025 年，国家现代先进测量体系初步建立，计量科技创新力、影响力进入世界前列，部分领域达到国际领先水平。计量在经济社会各领域的地位和作用日益凸显，协同推进计量工作的体制机制进一步完善。
2023 年	《数字中国建设整体布局规划》	首次对数字中国建设整体框架进行布局。并提出，到 2025 年，基本形成横向打通、纵向贯通、协调有力的一体化推进格局；到 2035 年，数字化发展水平进入世界前列，数字中国建设取得重大成就。

资料来源：作者整理。

二、具有一致性和连续性的自上而下的法律政策部署

从具有一致性和连续性的自上而下的法律政策部署来看，一致性和连续性的法律体系是数字空间持续稳定发展的重要保障，尤其是数字新形态、新业态、新模式的出现对当前的法律框架提出了诸多挑战。当前，在党中央和国务院的系统部署下，中国数字立法格局初具规模，由

多部基础法律、具体领域法规以及各部门各地区数字相关规章构成数字立法基本框架。具体来说，主要聚焦于数据安全领域，例如《网络安全法》《数据安全法》《个人信息保护法》以及与《网络安全法》配套的《关键信息基础设施安全保护条例》构成了中国数据领域的基本法律体系。除了基础性立法外，各地区各部门针对数字经济相关问题制订了相应的规章或规范性文件（详见表 5-2）。这些规范性文件和政策规定主要是基于数字经济发展过程中出现的新机遇、新挑战提出的发展规划和应对方案，其优势在于政策出台效率较高、问题意识较强，能较快落地。

总体来说，中国数字经济顶层战略规划体系渐趋完备，行业和地方落实相关战略部署的系统合力，为数字经济和数字空间发展奠定了较强的政策基础。

表 5-2　部分地区（城市）数字相关立法

省份（城市）	规章（政策）	实施时间	主要内容
浙江	《浙江省数字经济促进条例》	2021年3月1日	以促进数字经济发展为主题的地方性法规。
	《浙江省公共数据条例》	2022年3月1日	全国首部公共数据领域的地方性法规，也是保障浙江数字化改革的基础性法规。
广东	《广东省数字经济促进条例》	2021年9月1日	国家"十四五"规划纲要和国家统计局明确数字经济统计分类之后，国内出台的首个数字经济地方性法规。重点推进数字产业化和产业数字化，推动数字技术与实体经济深度融合，打造具有国际竞争力的数字产业集群。
	《广东省政务服务数字化条例》（送审稿）	2023年3月	以数字化推进政务服务标准化、规范化、便利化建设，优化营商环境，建设服务型政府。

省份（城市）	规章（政策）	实施时间	主要内容
广东	《广州市数字经济促进条例》	2022年6月1日	国内首部城市数字经济地方性法规。重点加强数字关键核心技术自主创新、培育发展数字经济核心产业、加快建设综合性数字基础设施、推动城市治理数字化转型。
	《深圳经济特区数据条例》	2022年1月1日	国内数据领域首部基础性、综合性立法。重点围绕个人数据、公共数据、数据要素市场、数据安全等方面作出相关规定。
	《深圳经济特区数字经济产业促进条例》	2022年11月1日	设立数据交易平台，探索开展数据跨境交易、数据资产证券化等交易模式创新。
江苏	《江苏省数字经济促进条例》	2022年8月1日	围绕数字产业化和产业数字化两大焦点进行重点规范，在数字技术创新、数字基础设施建设、数字产业化、产业数字化、治理和服务数字化、数据利用和保护、保障和监督等方面作出具体规定。
	《江苏省公共数据管理办法》	2022年2月1日	规范公共数据管理，保障公共数据安全，加快建设数字政府，提升政府治理能力和公共服务水平。
上海	《上海市数据条例》	2022年1月1日	国内首部省级人大制定的数据条例。把数据纳入法治的轨道，规范数据处理活动，促进数据依法有序自由流动，保障数据安全，加快数据要素市场培育。
北京	《北京市数字经济促进条例》	2023年1月1日	针对数字基础设施、数据资源、数字经济产业、智慧城市建设、数字经济安全和保障等多个方面进行了顶层制度设计，大力制定推进促进措施。
重庆	《重庆市数据条例》	2022年7月1日	构建"数据三权"制度、完善数据安全体系、健全数据监管机制、完善公共数据管理制度、健全数据交易制度、建立场景开放制度，加快构建数据基础制度。
河南	《河南省数字经济促进条例》	2022年3月1日	明确县级以上人民政府发展改革部门是数字经济的主管部门，细化数字基础设施建设、数据资源开发利用、数字产业化发展、产业数字化转型等领域法律责任。

续表

省份（城市）	规章（政策）	实施时间	主要内容
河北	《河北省数字经济促进条例》	2022 年 7 月 1 日	首次在数字经济地方性法规中专设京津冀数字经济协同发展，明确了推动数字经济发展重点领域和各级各部门职责分工。

资料来源：有关省市官方网站。

第二节　制度优势：中国特色社会主义基本经济制度

党的二十大报告提出："坚持和完善社会主义基本经济制度，毫不动摇巩固和发展公有制经济，毫不动摇鼓励、支持、引导非公有制经济发展，充分发挥市场在资源配置中的决定性作用，更好发挥政府作用。"[①] 经济制度是生产关系和对生产关系运动规律的反映。在马克思主义政治经济学视域中，生产力决定生产关系，生产关系对生产力具有能动的反作用。从这个意义上来说，经济制度对技术革命的发生及其发展方向具有重要的影响。中国特色社会主义基本经济制度作为我国生产关系以及生产关系运动规律的具体化表现，其包含的所有制、分配制度以及市场经济体制为我国在新一轮数字技术革命实现"后发先至"的赶超筑牢了制度基础。

一、公有制为主体、多种所有制经济共同发展的所有制结构

从所有制来看，公有制为主体、多种所有制经济共同发展的所有制

---

① 习近平：《高举中国特色社会主义伟大旗帜　为全面建设社会主义现代化国家而团结奋斗——在中国共产党第二十次全国代表大会上的报告》，《人民日报》2022年 10 月 26 日。

结构，充分发挥了我国一切有利于促进生产力发展的积极要素，释放创新活力。首先，公有制经济是"集中力量办大事"的核心动力，能够快速、高效集中全社会的物质资源和人力资源，为我国推进"集中力量、协同攻关"破解数字关键技术藩篱提供了强大的经济支撑。作为后发国家，数字技术发展起步晚、规模小，而公有制为主体的所有制为我国集中资源于既定的战略目标，打破发达国家技术封锁，突破数字技术革命和数字产业变革的关键节点奠定了深厚的经济基础。其次，非公有制经济具有较高市场敏感度、竞争意识和灵活性，能够有效配置资源，激发数字技术创新的活力，多点开花、跨行业联动，能够为数字经济发展不断地提供科技迭代的动能。据统计，中国民营经济贡献了70%以上的技术创新成果。①

总体来说，多种所有制经济共同发展促进了不同所有制之间的竞争，使公有制经济和非公有制经济发挥自身的优势，在保持数字技术发展竞争力、创新力的同时，保证数字技术创新过程中的控制力和抗风险能力。

二、以共同富裕为导向的多种分配制度

从分配制度来看，分配关系，特别是初次分配和再分配，是激发生产要素活力的最重要的因素。以共同富裕为导向的多种分配方式，为数字技术创新提供分配激励的同时，也不断激发数字劳动者的创新积极

---

① 《不断激发民营企业新活力》，《人民日报》2019年12月30日。

性和潜能。首先，按劳分配为主体反映了社会主义的本质要求，是社会主义分配原则。"按劳分配为主体"坚持多劳多得、少劳少得、不劳不得，这既保障了数字劳动者的基本权利，又激发了劳动者的发展权利以及创新活力。随着数字技术革命和数字产业革命的发展，推动生产力进步的关键在于劳动者生产的积极性和创新的积极性，"按劳分配为主体"有利于调动数字劳动者的积极性，推动数字生产力发展，同时也为劳动者通过教育、培训等方式，提升自我劳动水平奠定了物质基础。其次，"多种分配方式并存"将各类生产要素纳入收入分配的范围，有利于充分调动不同要素所有者的要素投入，让一切有利于数字技术创新的劳动力、知识、技术、管理、资本和数据等要素活力充分迸发，从而推动数字技术的创新。尤其是，数字经济时代的到来使得数据等成为新的关键生产要素，党的十九届四中全会制定的《关于新时代加快完善社会主义市场经济体制的意见》，将"数据"列为生产要素，并提出"由市场评价贡献、按贡献决定报酬"的分配机制，充分激发了数据要素的活力，同时保证了数字技术条件下多元生产要素分配与多元化生产的相适应。

总体来说，以共同富裕为导向的按劳分配为主体、多种分配方式并存的社会主义基本分配制度，把社会主义制度和市场经济有机结合起来，有利于不断解放和发展数字生产力，同时在一定程度上有效实现效率和公平的统一。

三、"有为政府—有效市场"相结合的社会主义市场经济体制

从市场经济体制来看，社会主义市场经济体制是中国进行资源配置

的主要方式。"有为政府—有效市场"相结合的社会主义市场经济体制，尤其是社会主义市场经济体制和数字技术驱动下数字空间的有效结合，既有利于发挥市场在数字资源配置中的决定性作用，为数字技术的创新和应用提供优势，又有利于发挥政府职能组织在数字空间建设中的调控作用，保证数字空间治理的效能。首先，"有效市场"能够充分挖掘市场在优化数字资源配置方面的基本作用，使数字经济活动遵循经济发展规律，适应相应的供求关系的变化，把资源配置到效益好的环节中去。同时，数字技术的创新和应用能够减少市场信息不完备、不对称，降低市场的盲目性和外部性，从而形成更为成熟的市场竞争机制、供求机制和价格机制等等。其次，为政府能够统筹数字空间的发展，从整体视域引导、牵引、带动数字经济、数字空间建设，保障数字经济、数字空间持续安全发展。同时，数字技术和数字空间的形成弥补了政府在宏观调控、微观规划、整体监管数字技术创新过程的滞后性，提高了政府决策的时效性和精准性。

总体来说，社会主义市场经济体制和数字技术驱动下数字空间的有效结合，既充分发挥"有为政府—有效市场"在优化数字资源配置和促进数字协同共享中的重要作用，又进一步完善了社会主义市场经济体制，构建更加系统完备、更加成熟的高水平社会主义市场经济体制。

综上所述，中国特色社会主义基本经济制度在所有制、分配制度以及社会主义市场经济体制等方面，为中国实现数字技术从"跟跑者"向

"并行者"乃至"领跑者"转变筑牢了制度基础。

第三节　产业优势：中国完备的产业链条

数字产业化和产业数字化是数字空间的发展方向。据统计，中国是全世界唯一拥有联合国产业分类当中全部工业门类的国家，在世界500多种主要工业产品当中，有220多种工业产品中国的产量居全球第一。[①]中国较为完备的产业链条为数字空间赋能产业发展提供了广阔的应用场景。

一、提供丰富应用场景

中国完备的产业链条有利于实现各类产业数字化转型升级和数字产业化的稳步提升。首先，伴随着数字技术发展与应用，互联网、大数据、人工智能与实体产业深度融合，产业数字化已经成为中国经济发展的重要引擎。2022年，中国产业数字化增加值规模达41万亿元，占GDP比重33.9%。[②]其中，工业数字化加快推进，工业互联网驱动的制造业数字化转型不断走深向实。截至2022年6月底，我国工业企业关键工序数控化率、数字化研发设计工具普及率分别达55.7%、75.1%。企业数字技术应用水平显著提升。服务业数字化水平显著提高，全国网络零售市场规模连续9年居于世界首位，电子商务、移动支付规模也处于全

---

① 《中国成为唯一拥有全部工业门类国家》，新华网，https://baijiahao.baidu.com/s?id=1645245791944130627&wfr=spider&for=pc，2019 年 9 月 21 日。

② 中国信息通信研究院：《2023 中国数字经济发展白皮书》，http://www.caict.ac.cn/kxyj/qwfb/bps/202304/P020230427572038320317.pdf。

球领先。① 其次，数字经济核心产业规模快速增长，数字产业创新能力大幅提升。根据《数字经济及其核心产业统计分类（2021）》指导，数字产业主要包含数字产品制造业、数字产品服务业、数字技术应用业、数字要素驱动业、数字化效率提升业的数字产业。2021 年，中国数字产业化增加值规模达 8.2 万亿元，占 GDP 比重 7.3%。② 其中，全国软件业务收入增长到 9.6 万亿元，工业互联网核心产业规模超过 1 万亿元，大数据产业规模达 1.3 万亿元，并成为全球增速最快的云计算市场之一。③

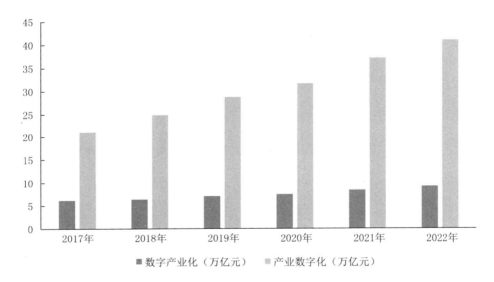

数据来源：中国信息通信研究院。

图 5-1 我国数字产业化和产业数字化规模

---

① 何立峰：《关于数字经济发展情况的报告》，中华人民共和国中央人民政府网，http://www.gov.cn/xinwen/2022-11/28/content_5729249.htm，2022 年 11 月 28 日。

② 中国信息通信研究院：《2023 中国数字经济发展白皮书》，http://www.caict.ac.cn/kxyj/qwfb/bps/202304/P020230427572038320317.pdf。

③ 何立峰：《关于数字经济发展情况的报告》，中华人民共和国中央人民政府网，http://www.gov.cn/xinwen/2022-11/28/content_5729249.htm，2022 年 11 月 28 日。

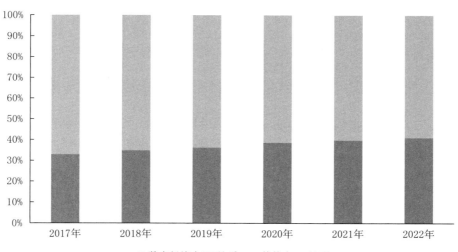

数据来源：中国信息通信研究院。

图 5-2　2017—2022 年我国数字经济占 GDP 比重

二、提供强劲发展动能

数字技术突破和产业融合发展的赋能成效正在快速呈现，中国完备的产业链条有利于围绕产业链部署创新链，围绕创新链布局产业链，从而快速打造成熟的数字供应链体系，将完备的数字产业链和数字创新链转化为推动数字空间发展的动能。首先，完备的产业链为数字技术提供应用场景的同时，有利于部署创新链，提升数字经济生产的创新力。从总体上看，2012—2022 年，我国数字经济生产效率持续提升，数字经济全要素生产率从 2012 年的 1.66 上升至 2022 年的 1.75，提升了 0.09。[①] 其次，完备的产业链在推动数字核心产业发展的同时，通

① 中国信息通信研究院：《2023 中国数字经济发展白皮书》，http://www.caict.ac.cn/kxyj/qwfb/bps/202304/P020230427572038320317.pdf。

过数字技术赋能，不断推进产业基础高级化、产业链现代化。2022 年，我国各行业数字化转型迈入深水区，其中，服务业数字经济渗透率为44.7%，在线消费、无接触配送、网约车、远程医疗等服务业数字化保持增长活力；工业数字经济渗透率为 24%，工业互联网驱动的制造业转型发展迅猛，共享制造、服务性制造新模式新业态不断呈现；农业数字经济渗透率为 10.5%，农村电商、数字农业成为发展新亮点。①

总体来说，中国完备的产业链的优势有利于营造数字产业链、数字创新链"双链融合"的良好生态，为数字空间的发展提供了广阔的应用场景和发展动能。

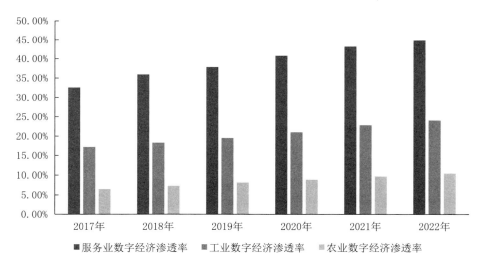

数据来源：中国通信研究院。

图 5-3　2017—2022 年我国服务业、工业、农业数字经济渗透率

---

① 中国信息通信研究院：《2023 中国数字经济发展白皮书》，http://www.caict.ac.cn/ kxyj/qwfb/bps/202304/P020230427572038320317.pdf。

第四节　市场优势：超大规模的数字用户

数字用户作为数字空间中最为普遍存在的个体，不仅是数字空间发展进程中的使用者和参与者，同时是数据要素的生产者和数字产品的消费者。中国作为世界上数字用户最多的国家具有其他国家所不具备的优势。

一、超大规模的数字用户提供海量数据

首先，中国庞大的数字用户为数字空间的发展提供了海量的数据。据统计，截至 2022 年底，我国网民规模为 10.67 亿，互联网普及率达 75.6%；5G 用户达 5.61 亿户，全球占比超过 60%；移动物联网终端用户数达到 18.45 亿户，成为全球主要经济体中首个实现"物超人"的国家；IPv6 活跃用户超 7 亿。[1] 中国凭借庞大的数字用户，积累了海量的数据生产要素。截至 2022 年，我国数据产量增长至 8.1ZB，全球占比 10.5%，位居世界第二；数据储存量达 724.EB，全球占比 14.4%，[2] 这些庞大的数据资源有利于中国加快释放数据要素资源价值，培育数据要素市场，推动大数据产业发展和数据中心与数据开放平台建设。2017—2022 年，中国大数据产业规模从 4700 亿元增长至 1.57 万亿元，年均复合增长率超过 30%。[3] 同时，数据中心与数据开放平台加

---

[1][2][3]　国家互联网信息办公室：《数字中国发展报告（2022 年）》，中华人民共和国国家互联网信息办公室网，http://www.cac.gov.cn/2023-05/22/c_1686402318492248.htm?eqid=e964285800089bd400000004646d59f6，2023 年 5 月 23 日。

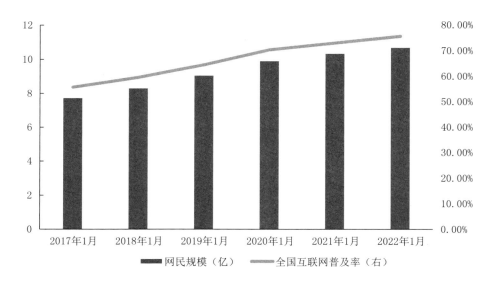

数据来源：中国互联网网络信息中心。

图 5-4　2017—2022 年我国网民规模及互联网普及率增长情况

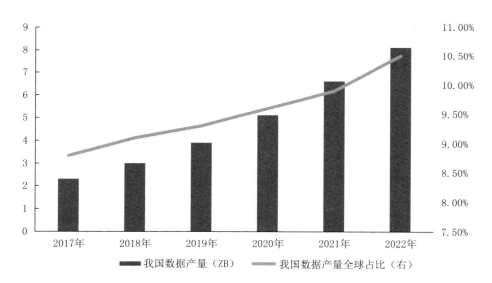

数据来源：中国信息通信研究院、中国网络空间研究院。

图 5-5　2017—2022 年我国数据产量及全球占比情况

快建设，2021 年我国在用数据中心机架规模达到 650 万架（按标准机架 2.5 kW 计）。其中，大型以上数据中心机架规模为 420 万架，占比达到总量的 80%。[①] 当前，北京、上海、重庆、深圳等地已启动数据交易所或数据交易中心建设，截至 2022 年底，全国已成立 48 家数据交易机构，[②] 为中国建设全球大数据中心以及数字空间的发展奠定了雄厚基础。

二、庞大的数字消费需求提供内生动力

其次，中国庞大的数字用户带来庞大的数字消费需求，催生新的消费业态和模式，从而形成了超大规模的数字消费市场。2022 年，中国网上零售额已经达到了 13.79 万亿元，同比增长 4%。其中，实物商品网上零售额达 11.96 万亿，同比增长 6.2%，占社会消费品零售总额的比重达 27.2%。[③] 数字消费市场规模全球第一。消费电子产业成为全球领先的消费电子产品前沿市场。[④] 同时，中国各类数字应用渗透率都位于世界前列。强劲的数字消费需求，不仅为各类数字企业开发和创新数字产品提供了源源不竭的内生动力，而且有助于大数据、人工智能等领域的企业依托海量数字消费者实现快速发展。此外，数字用户对数字空间中的群体意识、群体舆论的形成和产生具有重要影响作用。

---

① ② ③ 国家互联网信息办公室：《数字中国发展报告（2022 年）》，中华人民共和国国家互联网信息办公室网，http://www.cac.gov.cn/2023-05/22/c_1686402318492248.htm?eqid=e964285800089bd400000004646d59f6，2023 年 5 月 23 日。

④ 黄鑫：《打通经济社会发展信息大动脉》，《经济日报》2022 年 9 月 27 日。

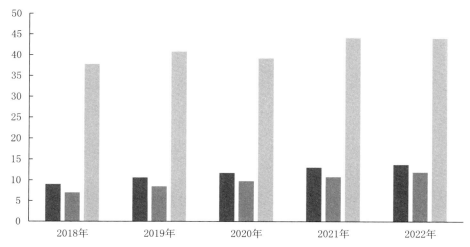

数据来源：国家统计局。

图 5-6　2018—2022 年我国社会消费零售总额、全国网上零售额、实物商品网上零售额

　　总体来说，中国超大规模的数字用户形成了超大规模的数字市场，在为数字空间发展提供了海量数据的同时，创造了巨大的数字需求，为数字空间发展提供了源源不竭的内生动力。

第六章

应对数字空间竞争：构建数字空间共同体

　　党的二十大报告明确强调，加快建设数字中国。中共中央、国务院印发的《数字中国建设整体布局规划》进一步强调，建设数字中国是数字时代推进中国式现代化的重要引擎，是构筑国家竞争优势的有力支撑。就空间发展视角而言，数字中国是未来数字时空中中国要素的集合，是以数字经济发展为驱动，以数字基础设施建设为载体，以数据资源为核心，以数字治理为主要手段的数字空间发展。当前，数字空间成为继陆、海、空、天之后的"第五大战略空间"。正如马克思恩格斯所预言："各民族的原始封闭状态由于日益完善的生产方式、交往以及因交往而自然形成的不同民族之间的分工消灭得越彻底，历史也就越是成为世界历史。"[①]数字生产方式的完善和数字空间的形成，推动着世界历史进入崭新阶段。大国博弈正由传统地缘竞争走向数字空间竞争。个别西方发达国家操纵关键数字技术，向全世界推行数字帝国主义，引发隐私泄露、网络霸权、主权安全等全球性风险挑战。各国在推动数字经济发展、应对数字安全挑战和加强数字空间治理等问题上的利益诉求相互

---

① 　马克思、恩格斯：《马克思恩格斯文集》第 1 卷，人民出版社 2009 年，第 540—541 页。

交融，"如何应对数字空间竞争""探索全球数字空间发展方向"成为当前亟待解决的重要研究课题。基于此，本章尝试凝练大国数字空间竞争的新特征，理解数字空间竞争的独特性，进而提出构建数字空间共同体引领全球空间竞争。

第一节　数字空间竞争的新特征

数字空间具有无界性、跨地域性、互联互通等特征，与传统物理空间存在极大的差别，这就引致数字空间竞争与传统地缘空间竞争方式也极为不同。大国数字空间竞争在继承传统地缘经济竞争理念的基础上，形成了新的竞争主体、竞争焦点、竞争领域和竞争内核，并构建了新的竞争逻辑。

一、数字空间权力结构分散化

随着数字技术创新体系、数据要素和数字基础设施构成了数字空间互相交织的不同层面，参与数字空间竞争的行为体，不仅包含国家、国际组织、产业巨头、科研机构，甚至个人在数字空间竞争也都扮演着重要的角色，这使得参与全球数字空间竞争的利益主体更加多元、利益关系更加复杂、权力结构更加分散。

主权国家是数字空间竞争的核心主体，其在数字空间竞争中的行为主要表现为数字政府的主权性行为。随着虚拟数字空间与现实物理空间的紧密联通，国家发展同样面临着空间形态变迁所带来的影响，尤其是，数字空间中的竞争优势和结果已经深刻影响到现实空间中的国家政治安全和体制稳定，因此，国际体系大国战略将数字空间作为其国家能力的重要组成部分，大国不得不通过各种手段参与数字空间竞争，维护自身的权力和利益。

数字企业是数字空间竞争的重要主体，其在数字空间竞争中的行为主要表现为，搭建数字平台以构建独立于现实空间政治权力的局部秩序。[1]当前，这种局部秩序的构建在数字空间中已经形成了强大的控制权，甚至对现实空间中的既有权力体系产生了威胁。例如，脸书（Facebook）、微软（Microsoft）、谷歌（Google）等科技巨头企业通过搭建数字平台在数字空间中各自建立了一个拥有数十亿以上人口的数字生态系统，并通过吸纳更多数字用户不断实现自身权力扩张，从而获得了与主权国家讨价还价的资格和权力。2021年，澳大利亚政府与脸书之间的对峙以及澳大利亚政府的妥协佐证了一个事实：数字巨头不仅仅是一个跨国数字企业，在某种程度上已成为强大的"政治行为体"。[2]

数字个体是数字空间的基本主体，其主要以数字族群形式参与数字空间中的竞争。每个嵌入在数字空间中的个体，都通过建构一定的角色和身份在数字空间中进行数字实践活动。由于数字空间在一定程度上突破了时空局限，这使得具有相同利益的数字个体在数字空间中集聚，形成了具有共同目的和利益的数字族群。这种利益共同体根源于现实物理

---

[1]　封帅：《主权原则及其竞争者：数字空间的秩序建构与演化逻辑》，《俄罗斯东欧中亚研究》2022年第4期。

[2]　庞金友：《当代欧美数字巨头权力崛起的逻辑与影响》，《人民论坛》2022年第15期。

空间中的利益关系，因此，为维护自身利益，数字个体通过形成数字族群，参与数字空间中的权力竞争。此外，国际组织、科研机构等也通过一定的方式参与数字空间中的竞争。

总体来说，与传统地缘空间的大国竞争相比，数字空间竞争的复杂性表现在参与竞争的行为体更加多元，同时利益关系也更加繁杂，这使得数字空间权力结构呈现分散化特征，即数字利益主体复杂多元使得空间权力转移。

二、数据资源争夺逐步霸权化

传统地缘空间竞争的是国土和自然资源，在数字空间竞争中，数据成为各方竞争的焦点。与传统生产要素相比，数据不仅具有资源价值，更具有战略价值。数据作为数字空间中最核心的要素，就像现实物理空间中石油等自然资源一样，是数字空间财富和价值的根源。从一般意义上来说，数据是对客观事物的性质、状态以及相互关系等进行记载的物理符号。这种符号以比特为单位，以二进制形式被储存、识别、处理和传输。从特殊意义来说，数据是信息的表现形式和载体，信息是数据的内涵。在数字空间中，一切要素都被数据和算法所定义，无论是生产要素还是生产关系，都是以数据和算法的形式在数字空间中存在、运行。在某种程度上，数字空间就是以数据要素和算法应用构成的经济空间，如工业经济条件下"工厂的躯体，即机器体系的构成一样"[①]，数据

---

① 马克思：《资本论》第 1 卷，人民出版社 2018 年版，第 481—482 页。

和算法构成了数字空间的躯体。随着数字全球化程度的不断加深，任何相关的经济活动，包括商品、服务、资本、人才等其他几乎所有类型的全球化活动，所带来的经济社会的发展变化，都需要基于数据资源这个核心生产要素的使用和流通。因此，数字空间权力的大小与掌控数据资源能力息息相关。掌握更多数据资源的主体在数字技术研发、数字财富创造、数字信息安全，甚至军事对抗和政治干预方面获得巨大优势。

近年来，世界各国围绕数据的获取和利用而展开的数据主权争夺愈演愈烈，数据跨境流动引发的管辖和控制问题日益凸显。从美欧间旷日持久的数字税之争中就可见一斑。长期以来，美国各科技巨头几乎垄断了欧洲的电商、搜索、社交等主要数字市场，并利用传统税法漏洞从欧洲获得大量利润，而欧洲本地数字产业严重边缘化。对此，欧盟强势推出"数字主权"，并在其《通用数据保护规则》正式生效的当天就宣布欧盟的数据主权回归欧盟。迄今为止，为保护数据主权，全世界约有60个国家和地区出台了数据主权的相关法律或战略。[①] 总体来说，数据作为全球数字版图中最具价值的资源，成为大国数字空间竞争的焦点，同时，掌控数据资源也是掌握数字空间权力最核心的内容。

三、数字基础设施建设联合化

随着人类社会正加速向数字化转型，数字基础设施已经像水、电、

---

① 胡海波、耿骞：《在全球数字经济浪潮中捍卫国家数据主权》，《中国社会科学报》2022 年 11 月 2 日。

公路一样，成为人们生产生活的必备要素。作为数字空间的底层架构，新型数字基础设施成为大国数字空间竞争的新赛道。数字基础设施是以数据、算法、软件、芯片、通信及终端"数字材料"为主体构建的软硬件一体的基础设施。其中，数字基础设施中的硬件部分包括超级计算机、传感器、5G基站、网通通信技术应用等硬件设施，软件部分包括数字网络技术、大数据中心等实现海量数据运行、存储和流通的软件设施。作为数字技术与传统物理基础设施的融合，数字基础设施在经济生活中的普及应用，加速了经济社会各领域的数字化转变，创造了数字化的生产空间和生活空间，为人与人建立起数字化生产关系奠定了技术基础。从空间转换的意义上来说，数字基础设施是人类活动从物理空间进入数字空间的转换站，同时为数字要素生产和流动奠定了基础。现阶段，全球数字基础设施建设仍然处于快速发展阶段，数据存储、数据传输、数据分析以及数据应用等各关键环节的基础设施仍有极大发展需求，这也使得全球数字基础设施建设成为大国数字空间竞争的重要赛道。这种赛道的竞跑突出表现为，数字寡头与政府逐步联合建设"社会量化部门"，以推动信息基础设施的大规模建设，从而实现数据资源的积累。

早在20世纪初，美国在其他国家尚未认识到数据、数字基础设施建设的重要意义时，就已在政府与私人企业的共同推动下，完成了早期数据积累过程。凭借着先发优势，美国数字巨头在各类数字基础设施领域均处于主导地位，尤其是在半导体、集成电路、软件、互联网、云计算等领域具有绝对霸权。① 近几年，以美国为首的资本主义发达国家推出包括"重建更好世界"和"全球门户"等在内的多项全球性基础设施建设方案，意图抢占全球基础设施建设，特别是数字基础设施建设的主导权和控制权。通过对发展中国家开展投融资活动，聚焦自身具有比较优势的数字基础设施领域，带动相关设备、技术和服务出口，从而开发和抢占发展中国家巨大的潜在市场，以掌控其经济命脉，获取丰厚的地缘政治经济收益。

四、数字技术创新体系化垄断化

在传统地缘政治中，军事力量是大国竞争主要的决定因素，而抢占全球数字空间的制高点和主动权关键在于数字技术竞争。作为新一轮科技革命，数字技术是决定数字经济发展水平和规模的密钥所在，同时也是决定大国在数字空间中的国际竞争力和国际地位的重要因素。与传统工业技术创新更多表现为单个企业的散点式创新不同，数字技术协同、融合、集成、开放的特征，使其与多领域科学技术深度融合，更多表现为数字技术集群。例如，数字孪生是通过整合实体、数据、技术三大核心要素，形成包含互联网、云计算、人工智能、区块链、物联网、工业互联网、虚拟现实、增强现实等技术的数字技术集群，从而构建物理实体、虚拟实体、孪生数据、连接和服务五个维度的数字孪生体系架

---

① 刘皓琰：《数据霸权与数字帝国主义的新型掠夺》，《当代经济研究》2021 年第 2 期。

构。① 随着数字技术创新的体系化、集群化发展，基于数字技术创新体系的大国数字空间竞争，也从企业散点式竞争走向了复合式垄断。这种复合式垄断不仅包括对企业的横向兼并，还包括对产业的纵向垄断，甚至可能发生对未来再生产过程的引领和控制。尤其是在数字资本场域中，数字巨头与国家政治联姻，不断扩展自己的商业版图，实现对全球市场各领域的垄断。

根据美国众议院司法委员会反垄断分会调查数据显示：亚马逊、苹果公司在 1998 年至 2020 年间共实施了 104、120 起收购，脸书公司在 2007 年至 2020 年间共实施了 86 起收购；谷歌公司在 2001 年至 2020 年间共实施了 256 起收购。② 同时，国家利用数字巨头这一工具，形成凌驾于全球的支配力量，以图谋数字空间中的数字霸权。③ 当前，围绕着数字技术的争夺已经开始重塑全球技术竞争格局。无论是美国对华为、中兴、中芯国际等企业的封锁，对中国实施的"技术脱钩"策略，还是 2022 年发布的《国家安全战略》，都意在将他国控制在全球数字价值链的中低端，从而建立起以复合式数字技术垄断体系为基础的"数字霸权"。

---

① 孙宝文、欧阳日辉、李涛：《把握数字经济的技术经济特征》，《光明日报》2021年 12 月 14 日。
② U.S. House Committee On The Judiciary, *Investigation of Competition in Digital Markets Majority Staff Report and Recommendations*, https://www.govinfo.gov/content/pkg/CPRT-117HPRT47832/pdf/CPRT-117HPRT47832.pdf., 2022.
③ 李灏、柯文：《美国数字垄断的社会建构——以亚马逊、谷歌和苹果为例》，《科学学研究》2022 年第 11 期。

综上所述，各国围绕数字空间的竞争和博弈催生了数字地缘竞争，其核心本质是数字空间"制空权"的争夺。作为数字空间的重要组成部分，数字主体、数据、数字基础设施以及数字技术等要素构成了"制空权"争夺的基础。当前，发达国家凭借数字技术优势和产业能力，掌握着数字空间规则制定的主导权和话语权，在争夺和控制数字空间战略资源中处于主导地位，这不断加剧全球数字空间发展的不平衡和两极分化。

第二节　数字空间竞争的理论逻辑

数字空间竞争的实现形式回答并刻画了数字时代大国空间竞争相比以往时代的特殊性，同时也揭示了数字时代的诸多新问题和新现象。但从马克思主义政治经济学视角来看，数字空间竞争仍然不能脱离主体之间利益关系的实质，且其演变规律和发展趋势也仍遵循着剩余价值国际转移的一般规律。传统地缘空间竞争逻辑强调对空间权力的"争夺""占有"和"控制"，无论是海权论、陆权论、空权论，还是边缘地带理论等地缘政治理论，其空间竞争逻辑都指向实现空间与权力的统一。① 由上述分析可以看出，目前数字空间的大国竞争依然是以空间权力争夺的竞争逻辑为主导，若不加以改变，必然再次走向"两败俱伤"的零和博弈。事实上，人类社会正在从"地域性"的生存空间走向"世

---

① 张微微：《地缘政治学空间话语的演进逻辑及前景展望》，《东北亚论坛》2023 年第 3 期。

界性"的发展空间，世界各国在客观上形成了不可分割、互相交融的共同利益网络，在数字空间领域尤为明显，呈现出不可分割、互相交融的特征。因此，数字空间中的竞争不应遵循"有你无我"的丛林法则，而是应该在竞争中构建合作协同、互利共赢的利益共同体。

一、数字空间竞争的实质

马克思指出："人们为之奋斗的一切，都同他们的利益有关。"[①] 恩格斯则进一步强调："每一既定社会的经济关系首先表现为利益。"[②] 利益，尤其是经济利益的角逐依然是数字空间竞争的核心本质。从个体来看，人作为利益关系的主体"是一定的阶级关系和利益的承担者"[③]。从国际层面来看，国与国之间的竞争无非也表现为利益主体参与国际经济活动的利益争夺。在马克思主义政治经济学视域中，这种利益争夺主要表现为剩余价值的国际转移。随着剩余价值的生产与实现转向数字空间，数字空间竞争成为国际资本争夺国际剩余价值的必然结果。

占有剩余价值生产和实现所处的空间，是资本主义掠夺剩余价值的重要方式。马克思在《资本论》中将资本原始积累与殖民主义相联系，揭示了资本主义的生产方式和积累方式是以劳动者的被剥夺为前提的。[④] 到 19 世纪末 20 世纪初，步入帝国主义阶段的主要资本主义国家

---

① 《马克思恩格斯全集》第 1 卷，人民出版社 1965 年版，第 82 页。
② 《马克思恩格斯文集》第 3 卷，人民出版社 2009 年版，第 320 页。
③ 《马克思恩格斯文集》第 5 卷，人民出版社 2009 年版，第 10 页。
④ 马克思：《资本论》第 1 卷，北京：人民出版社 2004 年版，第 887 页。

掀起了瓜分世界的狂潮。列宁、卢森堡、布哈林等皆对殖民理论进行了进一步探讨。列宁在其著作《帝国主义是资本主义的最高阶段》中第六部分"大国瓜分世界"中曾言："资本主义愈发达，原料愈感缺乏，竞争和追逐全世界原料产地的斗争愈尖锐，抢占殖民地的斗争也就愈激烈。"[①] 为了获取更多的剩余价值，"金融资本必然力图扩大经济领土，甚至一般领土。"[②] 在以往时代，因土地、石油等是剩余价值生产的关键资源，资本主义则主要开展抢占殖民地、抢占"经济领土"的斗争，即抢占能够生产剩余价值的物理经济空间。

近年来，伴随着工业生产方式向数字生产方式的转变，西方左翼学者重新审视殖民主义理论，并提出了数字殖民主义的概念，譬如英国著名社会学家和媒介研究者尼克·库尔德里、美国华盛顿大学的吉姆·撒切尔等等。事实上，数据成为数字殖民主义分析框架的核心维度。的确，数据成为数字经济时代的"石油"，是关键生产要素。谢富胜等将平台企业获取数据控制权的方式类比于12—19世纪间旨在取得充足土地、原材料和劳动力的圈地运动，将用户生产的数据视为"土地"，算法就是确认"土地"所有权的"围栏"。[③] 从生产视域转向交换视域，列宁指出："它们可以向那里销售工业品，牟取重利。"[④] 根据国际价值

---

① 列宁：《帝国主义是资本主义的最高阶段》，人民出版社2014年版，第80页。

② 同上书，第81页。

③ 谢富胜、江楠、吴越：《数字平台收入的来源与获取机制——基于马克思主义流通理论的分析》，《经济学家》2022年第1期。

④ 列宁：《列宁选集》第2版第4卷，人民出版社1984年版，第320页。

理论和国际不平等交换理论，具有较先进生产技术、较高劳动生产率、国际话语权、国际规则制定能力和强大垄断力量的国家在国际竞争中掌握主动权，能够占有更多剩余劳动，或者说获得更多国际剩余价值转移。[①] 无论如何，隐匿于数字资本形态转变背后的是资本积累模式或者说剩余价值生产和实现的空间转变，即剩余价值的生产和实现由物理经济空间转变为数字空间。

因此，在数字空间竞争中，无论是数字基础设施建设的联合化、数据资源争夺的霸权化还是数字技术创新的垄断化，其目的都是为了抢占数字空间竞争的主动权，从而实现国际剩余价值全球范围的掠夺。

二、数字空间竞争的特殊性

如前所述，数字空间竞争是通过数字基础设施建设、数据资源争夺和数字技术垄断等形式，最终实现剩余价值的全球攫取。但值得强调的是，数字空间的利益主体复杂、利益关系交织，这使得各利益主体在利益争夺的过程中也隐含着利益的共同性，这种矛盾性意味着不同的数字空间竞争策略将会带来不同的竞争结果。传统物理经济空间的竞争逻辑在于通过要素在固定空间中的集聚进而引致经济极化效应。正如大卫·哈维指出："工业可通过空间聚集来节约流通费用和时间。把经济以及运输和通信网络的有效配置集聚起来能减少流通时间并为资本留出

---

① 王智强、李明：《剩余价值国际转移及其经济效应分析》，《当代经济研究》2017年第12期。李真、马艳：《国际不平等交换理论的再探索》，《当代经济研究》2009年第4期。

更多剩余价值。"① 然而，数字空间的特殊性使其在不同竞争策略的选择下，将呈现出两种可能的不同结果：第一种是超越传统物理经济空间的极化效应；第二种是颠覆传统物理经济空间极化逻辑的互利共赢效应。第一种结果显然是未能跳脱"有你无我"的丛林法则，利用数字空间的跨时空性以及数据要素的无实物性等特征，实现要素在数字空间中的庞大聚合，进而实现要素的超强控制，形成超级垄断引致经济空前极化。而第二种结果依然是利用数字空间的跨时空性、去中心性和高流动性特征，打破传统物理经济空间如大机器或工厂等实物要素聚集而带来的规模成本降低效应的逻辑，利用不可分割、互相交融的共同利益网络，在竞争中构建合作协同、互利共赢的利益共同体。20 世纪 90 年代之后，世界殖民体系走向崩溃的历史已然告诉我们第一种结果不是人们所期待的全球数字经济繁荣发展的未来。显然，后者符合新型经济全球化的发展趋势，是在人类命运共同体理念指引下人们所期待的结果。数字空间也的确具备实现第二种结果的条件：

第一，数字空间中人类社会由"地域性"生存空间转向"世界性"发展空间。自地理大发现和工业革命以来，人类社会开始由相对孤立、封闭、分散走向普遍联系和整体发展。马克思、恩格斯指出，大工业"首次开创了世界历史，因为它使每个文明国家以及这些国家中的每一个人的需要的满足都依赖于整个世界，因为它消灭了各国以往自然形

---

① ［美］大卫·哈维：《马克思与〈资本论〉》，周大昕译，中信出版集团 2021 年版，第 204 页。

成的闭关自守的状态"①。伴随着新一轮的数字技术革命和产业革命的发展，数字空间成为人类生产生活和交往互动的独特空间维度，其跨时空性、去中心性和高流动性的特征强化了人类社会生产、生活、交往等所有方面的联通，世界各国日益打破民族、国家、地区的界限，进入了更具有"世界性"意义的时空界域中运行发展。一方面，不同民族、不同国家、不同主体之间的同生共存成为了人类社会生产生活活动的历史常态。尤其是伴随着数字全球化和社会数字化发展的深化和渗透，世界各国都被纳入了数字空间这个时空界域中，成为不可分割的重要组成部分。另一方面，数字空间推动着人类社会生产、流通、消费等过程要素在全球范围内流动，社会分工逐步进入全球全面分工阶段。马克思恩格斯指出："当分工一出现之后，任何人都有自己一定的特殊的活动范围，这个范围是强加于他的，他不能超出这个范围……而在共产主义社会里，任何人都没有特殊的活动范围，而是都可以在任何部门内发展，社会调节着整个生产。"② 尽管，现今世界的发展阶段距离共产主义社会的实现尚有一段距离，但数字空间在一定程度上打破了个人被束缚于某一活动范围和"屈从于某种唯一生产工具"③ 的局面，推动全球社会分工进入全面分工阶段。即在数字空间中，世界各国都不是自给自足，而是在产品、企业和经济体各个层面进行分工，彼此交换与合作，共同制造

---

① 《马克思恩格斯文集》第 1 卷，人民出版社 2009 年版，第 566 页。

② 同上书，第 537 页。

③ 《马克思恩格斯选集》第 1 卷，人民出版社 2012 年版，第 210 页。

出产品。

第二，世界各国在数字空间中联结成不可分割、互相交融的共同利益网络。人的本质决定了人类社会共同利益产生的必然性。马克思恩格斯指出，人的本质是一切社会关系的总和，"每一个社会的经济关系首先是作为利益表现出来"[①]，因而一切主体的经济行为、政治行为以及各种竞争策略归根到底是利益关系的外化表现，"人们奋斗所争取的一切，都同他们的利益有关"[②]。因此，无论在什么样的社会形态下，随着人与人之间社会关系的构建，必然存在着某种共同利益，这种共同利益是维系特定社会关系、维护个体利益和促进人类社会存在和发展的基础，是人类社会发展所追求的目标。人类社会的形成也源于"每一个个人都同样要成为他人的需要和这种需要的对象之间的牵线者。可见，正是自然必然性、人的本质特性（不管它们是以怎样的异化形式表现出来）、利益把市民社会的成员联合起来"。[③]

第三，数字空间竞争的行为主体更加多元，权力结构更为分散、利益关系更加交融。数字空间权力结构分散化也同时意味着数字空间竞争主体多元化、利益关系更加交融。由于数字空间在一定程度上突破了时空局限，这使得具有相同利益的数字个体在数字空间中集聚，形成了具有共同目的和利益的数字族群。

---

① 《马克思恩格斯全集》第 18 卷，人民出版社 1964 年版，第 307 页。
② 《马克思恩格斯全集》第 1 卷，人民出版社 1965 年版，第 82 页。
③ 《马克思恩格斯文集》第 1 卷，人民出版社 2009 年版，第 322 页。

伴随着数字空间推动人类社会从"地域性"生存空间走向"世界性"发展空间，马克思和恩格斯所预测的"世界历史"正逐渐成为普遍现实，世界各国、各民族、各经济主体之间的依存度提高，各国之间的物质利益、经济利益相互渗透融合，形成了共同利益。尽管国家利益在形式上仍然由单个国家主体决定，但实际上世界各国在客观上形成了不可分割、互相交融的利益关系网络，单个国家的利益受到其他利益相关国的影响。正如习近平总书记指出："人类生活在同一个地球村里，生活在历史和现实交汇的同一个时空里，越来越成为你中有我，我中有你的命运共同体。"① 因此，在数字空间发展的时代背景下，世界各国应顺应共同利益交融的世界历史发展趋势，自觉在维护共同利益中谋求自身利益，从而在竞争中构建合作协同、互利共赢的利益共同体。

第三节　基于利益共同体构建数字空间共同体

以利益共同体为理论基点，充分利用中国在数字空间竞争中的独特优势，推动构建数字空间共同体是全球数字经济高质量发展的正确方向。2022年，习近平总书记向世界互联网大会乌镇峰会所致贺信中强调："中国愿同世界各国一道，携手走出一条数字资源共建共享、数字经济活力迸发、数字治理精准高效、数字文化繁荣发展、数字安全保障

---

① 习近平：《习近平谈治国理政》第 1 卷，外文出版社 2014 年版，第 272 页。

有力、数字合作互利共赢的全球数字发展道路。"① 阐明了构建数字空间共同体是推动数字经济国际合作的中国主张。为此，可围绕基本原则、核心理念、根本动力、价值指归等层面加快推动构建数字空间共同体。

一、以尊重和维护国家主权平等为基础原则，推进秩序建构

基础原则是秩序建构的依据，尊重和维护国家主权平等是数字空间共同体秩序建构的基础原则。随着数字空间与现实空间耦合程度不断加深，若现实空间中的矛盾和权力扩展到数字空间，将引致严重的不平等关系。全球数字空间治理规则的滞后与治理秩序的缺失将严重制约和阻碍各国在数字空间中的合作发展。为此，引入当代国际关系的基本准则，以主权平等原则作为制定数字空间各种制度的依据，重构数字空间秩序迫在眉睫。

第一，制定规范全球数字空间发展的法律法规体系。以主权平等为原则，在多边框架下，围绕数字空间建设的总体原则、主体权责、基本方针等方面，加快形成以国家数字主权平等为根本，以国际相关法律法规为依托，以数字空间建设与管理、数字发展和安全等专门立法为主干的法律框架。同时，推进数字主体权责、数据产权、数据交易、数据收益分配、数字基础设施安全、数字技术应用安全等重点领域的法律法规建设。

第二，构建全球数字空间多层次立体化监管框架。秉持安全与发展

① 习近平：《习近平向 2022 年世界互联网大会乌镇峰会致贺信》，《人民日报》2022 年 11 月 10 日。

并重原则，建立以联合国等国际组织为主导的数字空间多层次立体化监管框架，倡导国际组织、国家政府、数字企业等各类数字主体共同制定包容审慎的监督规约、惩罚措施等强制性约束条款，形成多边、民主、透明的数字空间监管体系。同时，充分利用数字技术先进手段，不断推进数字空间监管体系和监管能力现代化。

第三，完善全球数字空间的数字司法、数字执法机制。充分运用互联网、大数据、云计算、人工智能、区块链等数字技术，建立融系统集成、数据集成、功能集成于一体的全球数字诉讼平台，实现便捷、高效、公正的全球数字司法服务。利用数字技术和设备，探索跨国界、跨区域、非接触式的数字执法手段，点对点开展执法巡查、线索发现、证据固定等执法行动，构建精准、高效、立体的综合行政执法模式。

二、以数字技术创新和发展为根本动力，筑牢技术支撑

创新是引领发展的第一动力，数字技术创新和发展是构建数字空间共同体的根本动力。尽管数字技术正在重塑人类生产生活的空间形态，但是数字技术基础仍然薄弱，许多棘手的物质、认知与制度障碍尚待新的技术予以解决。只有以数字技术创新为引领，才能够筑牢数字空间共同体的技术支撑。

第一，健全关键核心数字技术攻关的新型举国体制。充分发挥中国集中力量办大事的显著优势，强化党和国家对重大科技创新的领导，把政府、市场、社会有机结合起来，以国家战略需求为导向，集聚资源、资金、人才等各类要素，形成"科学统筹、集中力量、优化机制、协同攻关"的强大合力，从而加快集成电路、新型显示、关键软件、人工智能、大数据、云计算等重点领域的原创性、引领性技术攻关。

第二，加强企业主导的产学研深度融合。以市场需求为导向，以企业为技术创新主体，聚焦前沿技术领域，通过共建基地、组团研发、合作办学等方式，积极引导和支持企业开展基础研究活动，培育融合创新联合体，探索创新多元化产学研融合模式。同时，不断完善产学研政策体系，发挥政策引导和激励作用，为企业和科研院校开展联合创新营造良好环境。

第三，构建开放共赢的数字技术国际合作格局。倡导各国摒弃霸权主义、零和博弈等理念，通过建立数字技术创新合作平台，促进全球技术流、知识流、人才流、数字流等要素在数字空间中的跨国、跨地区、跨主体的流动与聚集，有效促进全球生产要素在数字空间的动态优化配置和数字创新能力的提升。同时，各国加快出台数字人才培养指导建议，强化产教结合，拓宽和延展数字化相关技能人才的成长通道等方式，提升数字人才数量和质量。围绕科研环境、创业平台、科研自主权及评价体系等方面，着力优化综合保障，精准回应人才需求，不断完善人才服务政策，为数字空间共同体的构建提供有力的人才支撑。

三、以共商、共建、共治、共享为核心理念，构建合作机制

理念是行动的先导，共商、共建、共治、共享是构建数字空间共同体合作机制的核心理念。构建数字空间共同体不是单个国家或个体的事情，应由世界各国共同掌握。要在尊重各国核心利益的基础上，加强战

略对话，增进国家间的信任，以共商、共建、共治、共享为核心理念，构建数字空间共同体的合作机制。

第一，搭建数字领域国际交流的共商平台。在尊重各国核心利益的基础上，加强战略对话，以共商、共建、共享、共治为核心理念，在联合国、世界贸易组织、二十国集团、亚太经合组织、金砖国家、上合组织等多边机制的基础上，建立多层面协同、多平台支撑、多主体参与的国际数字交流合作平台。

第二，共建全球互联互通的数字基础设施。以数字基础设施与数据资源体系为"两大基础底座"，推动各国政府、国际组织、互联网企业、技术社群、民间机构、公民个人等各利益攸关方的沟通与合作，共同推进全球一体化大数据中心国家枢纽节点和区域大数据中心集群等各级数据资源中心以及全球跨境陆缆、海缆、光缆等数字基础设施建设。

第三，建立数字空间协调共治的安全生态。以各国政府为主体，在坚持相互尊重、互相信任的基础上，共同推动数字空间治理由"利益争夺"向"利益协调"转变。创新数字空间治理机制，以边缘改革贡献建设性方案，重点推进数据主权保护、公共数据管理、商业数据使用、跨境数字流动和数字贸易、数字税收改革等领域全球数字协调治理，增强数字安全保障能力，形成全方位、多维度、科学、高效、有序的数字空间共治格局。

第四，同构共享自信繁荣的数字文化。在求同存异的基础上，大力发展数字文化，引导各类数字主体创作生产积极健康、向上向善的数字文化产品，加强高质量数字文化产品供给。同时，积极推进文化数字化发展，深入实施全球文化数字化战略，提升数字文化服务能力，加快发展新型文化企业、文化业态、文化消费模式。

四、以公平普惠为价值指归，共享发展红利

价值指归是发展成果分配的归向，公平普惠是共享数字空间共同体发展红利的应然趋势。当前全球数字经济发展呈现极大的不平衡特征。从全球层面看，国际数字霸权肆虐、大国对抗博弈加剧等使得国际"数字鸿沟"问题日益严重，出现了明显的分层现象。从国家内部来看，受城乡差异、年龄结构、受教育水平等影响，各国普遍存在"数字贫困"现象。数字发展不平衡不仅阻碍了数字经济成为推动各国经济复苏的力量，同时增加了全球经济发展的动荡和不稳定性。为此，要推动构建开放、包容、公平、普惠的数字空间，使各国共享数字经济发展红利、一同实现人类文明的数字化跃升。

第一，构建普惠便捷的数字社会。积极推动落实联合国信息社会世界峰会确定的建设以人为本、面向发展、包容的信息社会目标，提升数字空间的普惠性和便捷性，重点围绕数字政府、数字教育、数字医疗、数字农业、数字金融、数字生态、数字生活等领域，使更多数字产品和技术应用覆盖人类生产生活的各个方面，全面建设更加普惠利民的数字命运共同体。

第二，构建互惠共赢的数字发展生态。推动国际组织、各国政府和科技巨头共同搭建全球性的数字公共服务平台，鼓励和投资开源软件、

开放数据、开放人工智能模型、开放标准和开放内容等数字公共产品的创造，为全球各类数字公共问题提供解决方案。同时，加大数字发达经济体对落后国家和地区的数字援助，给予数字基础设施建设以贷款和利率优惠、数字技术适度共享等资金和技术援助，弥合数字鸿沟。例如，加快全球低轨宽带互联网星座系统部署及固定宽带网络和移动通信基站建设，为落后地区提供稳定的互联网接入方式。发展中国家根据自身发展优势，因地制宜发展数字经济，如依托人口规模优势发展大数据产业，为全球数字经济发展注入活力。

第三，激发全球经济发展新动能。以数字贸易为重要抓手，通过共同推动协议、结成数字合作伙伴、给予行动支持等方式，推动世界各国和有关各方共同搭建全球数字贸易平台。充分发挥数字空间消除传统地理空间中经济活动存在的物理障碍的优势，将更多国家的服务和产品嵌入全球价值链，实现各类要素、服务、产品、人才跨国、跨区域、跨组织快速流动与聚集，降低贸易成本，提升贸易效率，提高全球经济循环的运行效率以及各类经济活动的生产效率。

参考文献

中文文献

习近平：《高举中国特色社会主义伟大旗帜　为全面建设社会主义现代化国家而团结奋斗——在中国共产党第二十次全国代表大会上的报告》，《人民日报》2022年10月26日。

《习近平关于网络强国论述摘编》，中央文献出版社2021年版。

习近平：《习近平谈治国理政》第3卷，外文出版社2020年版。

习近平：《习近平谈治国理政》第1卷，外文出版社2014年版。

习近平：《习近平向2022年世界互联网大会乌镇峰会致贺信》，《人民日报》2022年11月10日。

习近平：《在网络安全和信息化工作座谈会上的讲话》，人民出版社2016年版。

《习近平总书记系列重要讲话读本（2016年版）》，学习出版社、人民出版社2016年版。

《2021年世界互联网乌镇峰会开幕　刘鹤宣读习近平主席贺信并致辞》，《人民日报》2021年9月27日。

《不断激发民营企业新活力》,《人民日报》2019年12月30日。

蔡跃洲、马文君:《数据要素对高质量发展影响与数据流动制约》,《数量经济技术经济研究》2021年第3期。

蔡跃洲、牛新星:《中国数字经济增加值规模测算及结构分析》,《中国社会科学》2021年第11期。

陈梦瑶:《国家网络空间安全治理的对策研究》,湖北大学硕士学位论文2021年。

陈尧、王宝珠:《以数字经济发展畅通国民经济循环——基于空间比较的视角》,《经济学家》2022年第6期。

[美]大卫·哈维:《马克思与〈资本论〉》,周大昕译,中信出版集团2021年版。

[美]大卫·哈维:《资本社会的17个矛盾》,许瑞宋译,中信出版集团2017年版。

[美]戴维·哈维:《后现代的状况》,阎嘉译,商务印书馆2013年版。

封帅:《主权原则及其竞争者:数字空间的秩序建构与演化逻辑》,《俄罗斯东欧中亚研究》2022年第4期。

贺爱忠、聂元昆、彭星闾:《企业持续健康成长的一般规律:创新力与控制力的动态统一》,《东南大学学报（哲学社会科学版）》2006年第6期。

[法]亨利·列斐伏尔:《空间的生产》,刘怀玉等译,商务印书馆

2022 年版。

胡潇：《空间的社会逻辑——关于马克思恩格斯空间理论的思考》，《中国社会科学》2013 年第 1 期。

胡拥军、关乐宁：《数字经济的就业创造效应与就业替代效应探究》，《改革》2022 年第 4 期。

黄静秋、邓伯军：《数字空间生产中的劳动过程及其正义重构》，《当代经济研究》2021 年第 10 期。

黄鑫：《打通经济社会发展信息大动脉》，《经济日报》2022 年 9 月 27 日。

金炳华等：《哲学大辞典》，上海辞书出版社 2001 年版。

金俊铭：《数据空间虚拟人的社会构境、表象症候及应对策略》，《天府新论》2022 年第 6 期。

［德］克劳斯·施瓦布：《第四次工业革命：转型的力量》，李菁译，中信出版社 2016 年版。

蓝江：《物体间性的形而上学——数字空间中的新唯物主义的反思》，《人文杂志》2022 年第 10 期。

郎平、李艳：《数字空间国际规则建构笔谈》，《信息安全与通信保密》2021 年第 12 期。

郎唯群：《平台经济的公平与效率——以外卖骑手为例》，《社会科学动态》2021 年第 4 期。

李芳、程如烟：《主要国家数字空间治理实践及中国应对建议》，

《全球科技经济瞭望》2020 年第 6 期。

李灏、柯文：《美国数字垄断的社会建构——以亚马逊、谷歌和苹果为例》，《科学学研究》2022 年第 11 期。

李晓华：《数字经济新特征与数字经济新动能的形成机制》，《改革》2019 年第 11 期。

李晓华：《制造业的数实融合：表现、机制与对策》，《改革与战略》2022 年第 5 期。

刘刚：《基于网络空间的资源配置方式变革（上）》，《上海经济研究》2019 年第 5 期。

刘皓琰：《数据霸权与数字帝国主义的新型掠夺》，《当代经济研究》2021 年第 2 期。

刘志敏、修春亮、宋伟：《城市空间韧性研究进展》，《城市建筑》2018 年第 35 期。

鲁钰雯、翟国方：《城市空间韧性理论及实践的研究进展与展望》，《上海城市规划》2022 年第 6 期。

陆岷峰：《新格局下强化数字技术与实体经济融合发展路径研究》，《青海社会科学》2022 年第 1 期。

［英］曼纽尔·卡斯特：《网络社会的崛起》，夏铸九等译，社会科学文献出版社 2001 年版。

孟小峰、慈祥：《大数据管理：概念、技术与挑战》，《计算机研究与发展》2013 年第 1 期。

［法］米歇尔·福柯:《规训与惩罚》,刘北成、杨远婴译,三联书店1999年版。

欧阳日辉:《数实融合的理论机理:典型事实与政策建议》,《改革与战略》2022年第5期。

庞金友:《当代欧美数字巨头权力崛起的逻辑与影响》,《人民论坛》2022年第15期。

乔晓楠、郗艳萍:《数字经济与资本主义生产方式的重塑——一个政治经济学的视角》,《当代经济研究》2019年第5期。

邵亦文、徐江:《城市韧性:基于国际文献综述的概念解析》,《国际城市规划》2015年第2期。

石建勋:《顺应科技革命和产业变革大趋势 加快推动数字产业化和产业数字化》,《人民日报》2021年10月15日。

孙宝文、欧阳日辉、李涛:《把握数字经济的技术经济特征》,《光明日报》2021年12月14日。

王宝珠、王朝科:《数据生产要素的政治经济学分析——兼论基于数据要素权利的共同富裕实现机制》,《南京大学学报(哲学·人文科学·社会科学)》2022年第5期。

王宝珠、王朝科、王利云:《数字平台空间下的劳动过程分析——一个比较的视角》,《教学与研究》2022年第7期。

王宝珠、王利云:《聚合与控制:实现乡村振兴的要素分析》,《贵州社会科学》2020年第5期。

王琳:《数字技术条件下经济关系的虚拟化特征及其理论逻辑探究》,《教学与研究》2022 年第 3 期。

［德］乌尔里希·贝克:《风险社会——新的现代性之路》,张文杰、何博闻译,译林出版社 2018 年版。

吴欢:《数字资本论析:结构特征与运动路径》,《经济学家》2021 年第 3 期。

肖风劲、欧阳华:《生态系统健康及其评价指标和方法》,《自然资源学报》2002 年第 2 期。

谢富胜:《资本主义劳动过程与马克思主义经济学》,《教学与研究》2007 年第 5 期。

薛毅:《西方都市文化研究读本》第 3 卷,广西师范大学出版社 2008 年版。

杨选梅:《国土空间韧性:概念框架及实施路径》,《城市规划学刊》2021 年第 3 期。

张微微:《地缘政治学空间话语的演进逻辑及前景展望》,《东北亚论坛》2023 年第 3 期。

中国计算机学会:《CCF 2020—2021 中国计算机科学技术发展报告》,机械工业出版社 2021 年版。

朱传波、陈威如:《数智物流——柔性供应链激活新商机》,中信出版集团 2022 年版。

朱建民:《我国制造业竞争力的控制力现状与对策》,《经济纵横》

2014 年第 3 期。

朱巧玲、杨剑刚:《数字资本演化路径、无序扩张与应对策略》,《政治经济学报》2022 年第 22 卷。

外文文献

Brian Walker, C. S. Holling, Stepen R.Carpenter and Ann Kinzig, "Resilience, Adaptability and Transformability in Social-ecological Systems," *Ecology and Society*, Vol.9, No.2, Sept. 2004.

Carl Folke, "Resilience: the Emergence of A Perspective for Social-ecological Systems Analyses," *Global Environmental Change-Human and Policy Dimensions*, Vol.16, No.3, pp.253—267, Jul. 2006.

Clovis Ultramari and Denes A. Rezende, "Urban Resilience and Slow Motion Disasters," *City & Time*, Vol.2, No.31, pp.47—64. 2007.

Craige R. Allen, David G Angeler and Graeme S. Cumming, et al., "Quantifying Spatial Resilience," *Journal of Applied Ecology*, Vol.53, No.3, pp.625—635, May. 2016.

C. S. Holling, "Resilience and Stability of Ecological Systems," *Annual Review of Ecology and Systematics*, Vol.4, No.1, pp.1—23. Sept. 1973.

D. Bradley and Alan Grainger, "Social Resilience as A Controlling Influence on Desertification in Senegal," *Land Degradation & Development*, Vol.15, No.5, pp.451—470, Jun. 2004.

Edward W. Hill, Haward Wial, and Harold Wolman, "Exploring Regional Economic Resilience," *Working Paper*, Institute of Urban and Regional Development, Apr. 2008.

Gilian Bristow and Adrian Healy, "Regional Resilience: An Agency Perspective," *Regional Studies*, Vol.48, No.5, pp.923—935, Jun. 2014.

Gillian Bristow, "Resilient Regions: Replaceing Regional Competitiveness," *Economy and Society*, Vol.3, No.1, pp.153—167, Cambridge Journal of Regions, Jan. 2010.

Graham A. Tobin, "Sustainability and Community Resilience: The Holy Grail of Hazards Planning?" *Global Environmental Change Part B: Environmental Hazards*, Vol.1, No.1, pp.13—25, Jan. 1999.

Hebert A. Simon, "Theories of Bounded Rationality," *Decision and Organization*, Vol.1, No.1, pp.161—176, 1972.

James M. Kendra and Tricia Wachtendorf, "Elements of Resilience After the World Trade Center Disaster: Reconstituting New York City's Emergency Operations Centre," *Disasters*, Vol.27, No.1, pp.37—53. Mar. 2003.

Janne Bengtsson, Per Angelstam and Thomas Elmqvist, et al., "Reserves, Resilience and Dynamic Landscapes," *AMBIO: A Journal of the Human Environment*, Vol.32, No.6, pp.389—396, Sept. 2003.

John W. Handemer and Stepen R. Dovers, "A Typology of Resilience: Rethinking Institutions for Sustainable Development," *Organization &*

Environment, Vol.9, No.4, pp.482—511, Dec. 1996.

Li Xu, Dora Marinova and Xiumei Guo, "Resilience Thinking: A Renewed System Approach for Sustainability Science," *Sustainability Science*, Vol.10, No.1, pp.123—138, Oct. 2015.

Magnus Nyström and Carl Folke, "Spatial Resilience of Coral Reefs," *Ecosystems*, Vol.4, No.5, pp.406—417, Aug. 2001.

Michel Bruneau, Stephanie E. Chang and Ronard T. Eguchi, et al., "A Framework to Quantitatively Assess and Enhance the Seismic Resilience of Communities," *Earthquake Spectra*, Vol.19, No.4, pp.733—752, Nov. 2003.

Peter Timmerman, "Vulnerability, Resilience and the Collapse of Society—A Review of Models and Possible Climatic Applications," *Environmental Monograph*, Toronto: Institute for Environmental Studies, Vol.1, p.42, Oct. 1981.

Richard J. T. Klein, Marian J. Smit, Hasse Goosen and Cornelis H. Hulsbergen, "Resilience and Vulnerability: Coastal Dynamics or Dutch Dikes?" *Geographical Journal*, Vol. 164, No. 3, pp.259—268, Nov. 1998.

Stepen R. Carpenter and William A. Brock, "Adaptive Capacity and Traps," *Ecology and Society*, Vol.13, No.2, p.11, Dec. 2008.

Theies S. Teixeira and Greg Piechota, *Unlocking the Customer Value Chain: How Decoupling Drives Consumer Disruption*, New York: Currency, 2019, pp.55—60.

后 记

2020 年，本人开始关注数字经济下劳动过程的新变化，在着手研究这一问题时，发现厘清数字劳动过程所处空间条件的新变化尤为重要，遂关于"数字空间"的思考一直萦绕在脑海中。

党的二十大报告明确强调，建设数字中国。数字中国是未来数字时空中的中国要素的集合。那么，究竟何为数字空间？如何统筹数字空间发展和安全？中国如何引领全球空间治理？基于对这些问题的思考，以题"数字空间安全与发展：理论逻辑与中国方案"获批上海市社科规划"研究阐释党的二十大精神"专项课题，课题组成员为陈尧、郎旭华、王利云、乔文瑄、葛丰收、王瀚浥。本书为该课题研究的最终成果。

本书的研究主题、框架结构和主要观点由王宝珠提出。引论由王宝珠完成，第一章、第五章由陈尧、王宝珠完成，第二章由王宝珠、王利云、郎旭华和陈尧完成，第三章由郎旭华、王宝珠、陈尧完成，第四章由王宝珠、郎旭华完成，第六章由王宝珠、陈尧完成，乔文瑄、葛丰收、王瀚浥参与部分阶段性成果和校对工作。

本书的付梓仰赖于上海市哲学社会科学规划办、中共上海市委宣传部、上海人民出版社的支持，亦仰赖于上海外国语大学马克思主义学院、科研处的支持。感谢王朝科教授、冒佩华教授对本研究框架设计的指导与帮助，感谢各位"战友"（课题组成员）的努力和付出！

当然，本书为数字空间安全与发展的新探索，存在的错漏和不足之处，敬请学界同仁批评指正，不胜感激。

王宝珠

2023 年 9 月

图书在版编目(CIP)数据

数字空间安全与发展探索/王宝珠等著.—上海：
上海人民出版社,2023
ISBN 978-7-208-18589-0

Ⅰ.①数…　Ⅱ.①王…　Ⅲ.①信息经济-经济发展-
安全-研究-中国　Ⅳ.①F492

中国国家版本馆 CIP 数据核字(2023)第 194757 号

责任编辑　王　冲
封面设计　汪　昊

数字空间安全与发展探索

王宝珠　陈　尧　郎旭华 著

出　　版　上海人民出版社
　　　　　 (201101　上海市闵行区号景路 159 弄 C 座)
发　　行　上海人民出版社发行中心
印　　刷　上海新华印刷有限公司
开　　本　787×1092　1/16
印　　张　15
字　　数　151,000
版　　次　2023 年 11 月第 1 版
印　　次　2023 年 11 月第 1 次印刷
ISBN 978-7-208-18589-0/F·2847
定　　价　68.00 元